東武鉄道のひみつ

PHP研究所 編

東武鉄道 協力

Contents

東武博物館　花上名誉館長インタビュー
「素晴らしき東武鉄道人生」・・・・・・・・・・・ 6
東武鉄道タイムトラベルを楽しもう　東武博物館・・・・・・・ 12

1章 関東一円に広がる東武鉄道のネットワーク・・ 14

総論①　東日本民鉄の雄・東武鉄道の魅力・・・・・・・・・・・ 16
総論②　1都4県に広がる広大な路線網・・・・・・・・・・・・ 18
総論③　世界遺産の日光や鬼怒川温泉を擁する観光路線・・ 20
総論④　東京の新名所・東京スカイツリータウン®・・・・・ 22
総論⑤　東急東横線・みなとみらい線との直通運転でさらに川越や越生が身近に・・ 24

2章 東武鉄道の路線と輸送のひみつ・・・・・・・ 26

東武鉄道の輸送人員はどのくらいの規模なの？・・・・・・・・ 28
特急から普通まで11種類！　多彩な列車種別を研究・・・・ 30
路線ガイド①　伊勢崎線（東武スカイツリーライン）　東京と両毛地域を結ぶ基幹路線・・ 32
路線ガイド②　亀戸線・大師線　地域輸送を担う大都市圏のローカル線・・ 34
路線ガイド③　佐野線・桐生線・小泉線　様々な歴史を持つ北関東のローカル線・・ 36
路線ガイド④　野田線　全線が東京近郊のベッドタウン・・・・・ 38
路線ガイド⑤　日光線　世界遺産・日光へのアクセス路線・・・ 40
路線ガイド⑥　宇都宮線　地域に密着した通勤路線・・・・・・・ 42
路線ガイド⑦　鬼怒川線　中距離輸送の需要が高い観光路線・・ 44
路線ガイド⑧　東上線　都心と埼玉県西部を結ぶ大動脈・・・・・ 46
路線ガイド⑨　越生線　春は観梅客で賑わう郊外電車・・・・ 48
国鉄の直通列車と激しく争った東武特急の実力・・・・・・・・ 50
かつてのライバルと手を組み驚きの新ルートが登場！・・・・ 52
東武鉄道の名物　下今市の分割・併結・・・・・・・・・・・・ 54
東武線の最高速度は時速何キロメートルくらい？・・・・・・・ 56

半蔵門線との直通運転で激変！　伊勢崎線の運行形態 ････ 58
東上線にも特急が運転されていたって本当？ ･････････････ 60
東武鉄道の夜行列車「尾瀬夜行」と「スノーパル」･･････････ 62
マルチシートの採用で必ず座れるサービスを提供！ ･･････ 64
長大な複々線区間を活かした緩急結合を実現 ･･････････････ 66
伊勢崎線に路線愛称「東武スカイツリーライン」を導入 ･･･ 68
東横線との乗り入れ開始により拡大する東上線の輸送ネットワーク ･･ 70

3章　東武鉄道の駅のひみつ ････････････････････ 72

駅の入口からホームまで一直線　浅草駅 ･･････････････････ 74
東京スカイツリータウン®開業にあわせて改称されたとうきょうスカイツリー駅 ･･ 76
荒川に臨む素朴な木造駅舎　堀切駅 ････････････････････ 78
上下ホームの分離により混雑が大幅に緩和された北千住駅 ･･ 80
伊勢崎線と日光線が分岐する交通の要衝　東武動物公園駅 ･･ 82
東武とJRをつなぐ連絡線を設置　栗橋駅 ････････････････ 84
洋館風の駅舎が印象的な館林駅 ･･････････････････････････ 86
各線区に残る木造駅舎　木崎駅・境町駅・静和駅・佐野市駅 ･･ 88
世界遺産「日光の社寺」の表玄関　東武日光駅 ･･････････ 90
日本有数の温泉エリアの玄関駅　鬼怒川温泉駅 ･･････････ 92
構内に貨物営業の名残がある葛生駅 ････････････････････ 94
スイッチバック構造の駅　柏駅 ･･････････････････････････ 96
東武鉄道で最も新しい駅　流山おおたかの森駅 ･･････････ 98
百貨店を併設した西の拠点　池袋駅 ････････････････････ 100
蔵造りの街並みを残すベッドタウンの拠点　川越駅 ････ 102
世界最大級のウォーキングイベントの開催地　東松山駅 ･･ 104

4章　東武鉄道の車両のひみつ ････････････････ 106

現役車両①　「スペーシア」の愛称を持つ100系は東武鉄道のフラッグシップ ･･ 108
現役車両②　伊勢崎線の特急の速達化に貢献　直線的なデザインの200系 ･･ 110
現役車両③　現在は主に臨時や団体で運用　1800系を改造した300系 ･･ 112
現役車両④　団体専用列車などで活躍　1800系最後の1編成 ･･ 114
現役車両⑤　日光線系統の快速と区間快速を中心に運用　6050系 ･･ 116

現役車両⑥	東武鉄道の次世代型通勤用車両　50000型・50050型・50070型	118
現役車両⑦	マルチシートを備えた「TJライナー」用の50090型	120
現役車両⑧	半蔵門線・田園都市線直通用車両として登場した30000系	122
現役車両⑨	日比谷線に乗り入れる18m車　20000型・20050型・20070型	124
現役車両⑩	様々なバリエーションが存在　10000型・10030型・10080型	126
現役車両⑪	東武初の軽量ステンレスカー　9000系	128
現役車両⑫	私鉄では最多の両数を誇った　8000系	130
現役車両⑬	スカイツリーへの行楽輸送を担う6050系改造の展望列車 634型	132
思い出の車両①	国鉄の157系電車に対抗　デラックスロマンスカー1720系	134
思い出の車両②	戦後初の日光線特急車両　5700系	136
思い出の車両③	車両不足解消のため国鉄電車が入線　7300系	138
思い出の車両④	戦後初の自社設計による通勤形車両　7800系	140
思い出の車両⑤	野田線で活躍した幻の2080系	142
思い出の車両⑥	快速のグレードアップを図るために登場した東武顔の6000系	144
思い出の車両⑦	東武鉄道が最後に導入した湘南タイプの気動車キハ2000形	146
思い出の車両⑧	5000系引退により首都圏大手私鉄から吊り掛け駆動車が消滅	148

5章　東武鉄道の歴史 ... 150

鉄道王と呼ばれた東武鉄道黎明期の社長、初代根津嘉一郎人物伝	152
東武鉄道の経営多角化に取り組んだ二代目根津嘉一郎人物伝	154
合併と買収を繰り返して現在のネットワークが完成	156
スイッチバックもあった東武の路面電車	158
東武にもケーブルカーがあったって本当？	160
貨物輸送を担った往年の東武鉄道	162
かつて東武線内でも運転されていた荷物電車ってどんな電車？	164
サロンルームにジュークボックス、スチュワーデスも乗務したDRC	166
歴代の車両塗色にはどんなものがあったの？	168
混雑解消の切り札となった地下鉄との相互乗り入れ	170
車内設備の改善、駅施設の改修などたゆまぬサービスアップを続ける東武鉄道	172

6章 東武鉄道トリビア ... 174

- 東上線と都営三田線に相互直通運転構想があったって本当? ... 176
- 伊勢崎線と東上線を結ぶ路線の計画ってどんなものだったの? ... 178
- 戦時中、軍需工場のために建設された東武熊谷線 ... 180
- 北関東の山中に東武の貨物線があったのはなぜ? ... 182
- 東武の企画乗車券・お得な切符にはどんな種類のものがあるの? ... 184
- 東上線から日光線へ直通する列車があったって本当? ... 186
- 多彩なラインアップが揃った東武オリジナル鉄道グッズ ... 188
- 世界の遺跡や建築物を再現した東武ワールドスクウェア ... 190
- 楽しい脚だめし「外秩父七峰縦走ハイキング大会」 ... 192
- 巨大デパート「東武百貨店池袋店」の歩き方 ... 194
- 鉄道ファンや家族連れに大人気! 東武鉄道の車両基地イベント ... 196
- 参加・体験型の子ども向けサイト「TOBU BomBo Kids」 ... 198
- 絶叫マシンとアニマルの饗宴! 東武動物公園の楽しみ ... 200
- 東武携帯ネット会員になるとどんなサービスが受けられるの? ... 202
- 東武鉄道が発売した記念乗車券にはどんなものがあるの? ... 204
- 東武鉄道の環境への取り組み ... 206

7章 東武鉄道の施設のひみつ ... 208

- 東武鉄道が導入を進めているデジタルATCにはどんな特徴があるの? ... 210
- 電車の回生電力を効果的に活用する回生電力貯蔵装置 ... 212
- 重軌条化・弾性ポイント化・ロングレール化を推進、改善が進む線路施設 ... 214
- 東武鉄道の車両基地「車両管区」と「検修区」ってどんな施設? ... 216
- 東武鉄道が取り組むバリアフリー対策にはどんなものがあるの? ... 218

- index ... 220
- 参考資料 ... 223

※本書の内容は2013年1月時点の情報に基づいています。

東武博物館　花上名誉館長インタビュー

素晴らしき東武鉄道人生

インタビュー：大野雅人（エディター）

ED5010形の前で熱っぽく車両解説をする東武博物館名誉館長の花上嘉成さん。鉄道に関する著作も多数あり、東武趣味のオーソリティとしても知られている

鉄道好きが高じて東武鉄道に入社、以来東武鉄道の各部署で活躍を続けてきた花上嘉成氏。1989（平成元）年には東武博物館の立ち上げに関わり、2001（平成13）年から2011（平成23）年にかけては東武博物館の館長を務めています。名誉館長となった現在も東武鉄道の様々な情報を発信し、東武鉄道趣味の第一人者として活躍を続けています。ここでは、鉄道趣味界で活躍を続ける花上嘉成氏に、東武鉄道人生と東武博物館の魅力についてお話しいただきます。

─────花上さんと東武鉄道との出会いはいつごろでしょうか？

　小さいころから東武に慣れ親しんでいましたね。母の実家が下今市にあって、そこへの行き来に見た蒸気機関車や貨物列車をはじめ、いろいろな電車が走っていたころの東武沿線をよく覚えていますよ。当時の東武鉄道には結構年季の入った車両も残っていて、新旧いろいろな車両が行き交う路線ばかりで、趣味的にたいへん面白い鉄道会社だと思いましたね。

─────入社してからはどのような仕事を経験されたのですか？

　1958（昭和33）年に東武鉄道に入社しまして、西新井の車両工場のブレーキ職場へ最初に配属されました。高校では電気科を出たもんですから、「電気屋がなぜ空気ブレーキにかかわるんだ」って思っていたら、当時は1700系などの特急車両に電気ブレーキが採用されていたんですね。時代は車両の高性能化が始まっていたころで、古い車と新しい車をいっしょに

蒸気機関車時代の東武鉄道。
花上名誉館長秘蔵の一枚

昭和30年代の東武鉄道は、新旧様々な車両があり趣味的にとても面白かったです

昭和30年代の東武鉄道

鉄道趣味人として各地を駆け巡っていた
若き日の花上名誉館長（1961年）

写真提供（3点とも）花上名誉館長

連結する時期にいた。ブレーキ弁の調整や、空気漏れが起きないようにと苦労したのを覚えています。車両工場では、作業の合間に制御装置や台車といった床下機器の点検を手伝う機会がありました。車軸に傷などがないかを超音波で調べる「軸探」や工場内で車両を動かし確認する起動試験など、いろいろな現場で経験を積みましたね。それが19歳から20歳のころです。

――――東武の蒸気機関車などとの接点はあったのでしょうか？

東武の蒸気機関車は1966（昭和41）年まで走っていたので、僕が本社に移るころにはすでに全廃されていました。どちらかというと私は電車

が好きだったんですけど、蒸気機関車の写真もよく撮りに行きましたよ。のちに結婚を経て、1970（昭和45）年に本社車両部に異動しました。

――――趣味の鉄道写真が仕事に活かされたことも……？

1960（昭和35）年に1720系「デラックスロマンスカー」が登場したときです。私が鉄道の写真を撮るのが好きだったことを知っている上司から、「パンフレット用に写真を撮ってきてくれ」なんて指示がきて、車両メーカーの人を連れて、その新型車両の写真を撮りに行ったこともありました。当時、上司に恵まれていたから、自分を伸ばしてくれたと思っています。

――――工場・車両基地ではどのような車両とかかわってきたのですか？

3000系への車体更新や、1953（昭和28）年に登場した7800系という東武らしい20m4扉車の車体を更新・修繕を担当しました。そこから1978（昭和53）年に、館林の車両基地への異動となったんです。工場から工場への異動が多いなか、工場から車両基地へ移るという異例の異動でした。そのあと2年後には春日部の車両基地に移って、ここで特急や地下鉄乗り入れ車両にかかわったわけです。

――――いまでも思い浮かぶ思い出深いシーンなどありますか？

いま振り返ると、僕は現場が大好きなので、館林にいたころなどは思い出深いですね。毎日夜遅くに電車が帰ってくると、電車の修繕がたいへんでした。木製の窓枠を取り替えたり、台車のブレーキシューを交換したり……。「オレが車内やるから、皆さんは床下機器を点検してくれ！」なんて声かけ

往年の東武鉄道の看板車両デラックスロマンスカーの中でくつろぐ花上名誉館長（1991年）

てね。でも、若いころは勤務明けでも元気だった。館林から東京へ帰るときには、わざわざ赤城へ向かって上毛電鉄の電車に乗って前橋へ行って、国鉄の高崎線で帰ってくるなんてこともしていた（笑）。鉄道の写真を撮りながら帰ってくるなんていうこともありましたが、その後に首席助役などの役職に就くと、そんなことはもうできなくなっていましたね。

――――それではずっと東武車両にかかわる現場にいたのですか？

野田線の七光台の車両基地を経て、こんどは1986（昭和61）年に本社

5700系の車内でくつろぐ花上名誉館長

木製のブラインドの開閉方法を解説する花上名誉館長

往年の特急型電車5700系と花上名誉館長。花上氏はじめ東武博物館スタッフの多大な尽力により保存が実現した車両だ

車両工場から始まって様々な部署を経験しましたが、どこも楽しかったですね

の人事部に配属されることになります。人事部に異動してから3日ほどで面接も担当した。僕も学生たちに聞きすぎちゃいましてね。「○○沿線から来た」と言う学生に対して、「○○のほうが給料いいから、あっちに行ったほうがいいよ」なんて言ってしまったり……（笑）。そんなこんなで人事異動などにもかかわっていたころに、上司から「駅長をやってみないかね」って言われて、野田線の大宮駅長に就任しました。1988（昭和63）年のことです。ずっと車両工場や車両基地といった車両関係の職場現場にいた人間がこんどは駅業務です。すぐに慣れるわけもなく、いろいろな車両が行き交う国鉄の電車を眺めていた時間も、いい思い出です。

─── これまでの現場と違う業務でのエピソードなどは……？

こんな思い出もあります。一時期はお客様のご意見を受け付ける担当もした。兵庫県の三田まで、誤って収受してしまった運賃の差額、数百円を返しに行ったことがありました。携帯電話もない時代、たいへんな思いもしました。そして北千住駅長を務めていた1995（平成7）年ごろ、北千住駅改良工事（3階建て構造化）では、工事の担当部署などといっしょに忙しい日々を過ごしました。営団地下鉄（現東京メトロ）千代田線の乗り場を結ぶ通路に改札をつくるとなると、お客様のスムーズな乗り換えの支

障になりかねない。駅の構造が複雑で、だいぶ悩んだことを覚えています。そして北千住駅改良工事が終わりかけていたころ、浅草駅長に就任しました。これが東武鉄道としての最後の職務でした。

─── 東武博物館へと移られたきっかけは？

　僕が人事部にいたころ、東武鉄道初代社長の『お客様から得たものはできる限りお客様に還元する』という想いに共感し、1989（平成元）年に開設された「東武博物館」の準備・計画にもかかわりました。その経験もあり、1997年（平成9）年、東武博物館へ出向となり、2000年（平成12）年に東武鉄道を定年退職したあともこの博物館の仕事を続けることになったわけです。

浅草駅長在職時代の花上名誉館長

─── 8000系8111号編成を東武博物館が動態保存しました。

　8000系は、東武の抵抗制御タイプの電車の集大成とも言えます。1963（昭和38）年から1983（昭和58）年まで、約20年間で712両もつくられました。これだけ長い間つくりつづけると、同じ形式でも製作された年により部品が違ってきたりする。機器を取り付けるネジひとつをとっても違いが出てくる。時が経つにつれて保存が難しくなってくるなかで、いわゆるカム式抵抗制御の車両を1編成残すべきじゃないかという話が出てきた。現在主流のVVVFインバータ制御車のように、部品を交換するだけで修繕が済む車両が増えてきたなか、職人の経験と技によってメンテナンスされてきた車両の、技術と歴史を受け継がせる。技術伝承や教育という立場から、産業遺産としてこの8000

東武博物館の動態保存車として活躍する東武8000系（8111号編成）

東武鉄道の職業人として、趣味人としてますます大活躍する花上名誉館長。「今後も東武鉄道の魅力を伝えていきたい」と語る

系8111号編成を残そうということになったのです。

――― 登場当時のままの姿で動態保存されているのですか？

　いえ、産業遺産と言っても、今回の8111号編成は動態保存として営業路線で走らせなければならないから、昔のままの状態ではダメです。古き良き技術や意匠を保ちながら、保安装置などを完備して営業路線に出てもらい、皆さんに乗って触れていただいて、この8000系に親しんでもらえればと思っています。

――― 最後に読者の皆様にメッセージをお願いいたします。

　この4000平方メートルというわずかなスペースに、12両もの車両が保存されている博物館は、全国を見ても珍しい存在です。保存車両は、東武鉄道で最初の電車をはじめ蒸気機関車や電気機関車、バス、ロープウェイ、貨車と多彩で、そのほとんどが、見て・触れて・体験できる展示スタイルとなっています。例えば、線路に敷かれた砂利なども、危険を伴うということから固定してしまう方法も考えられますが、当館では実際の軌道と同じく、砂利を手にすることができます。運転台、台車、床下機器などの仕組みも、できるだけ動かして紹介し、わかりやすく親しみやすい展示を目指しています。

　今後は、8000系関連のコーナーなどの設置も計画しています。

　東武鉄道の"いま"と"むかし"を体感できる、東武博物館へ。皆様のお越しを、スタッフ一同、心よりお待ちいたしております。

東武鉄道タイムトラベルを楽しもう
東武博物館

　東武博物館は、東武鉄道の創立90周年記念事業の一環として開設されました。東武スカイツリーライン東向島駅高架下のスペースを利用した施設には、東武鉄道の歴史と現況を伝える様々な資料が展示されています。私鉄が自社の鉄道博物館を経営するケースは非常に珍しく全国でも数えるほどしかありませんが、その中でも東武博物館は最大級の規模を誇ります。東武鉄道の生き証人ともいえる、名車両の保存展示はこの博物館の最大の目玉です。東武鉄道初の蒸気機関車5号や、電車デハ1形5号、電気機関車101号が揃い鉄道遺産としての価値が高い車両が一堂に会する様子は圧巻です。さらには東武鉄道のフラッグシップ車両として君臨したDRC

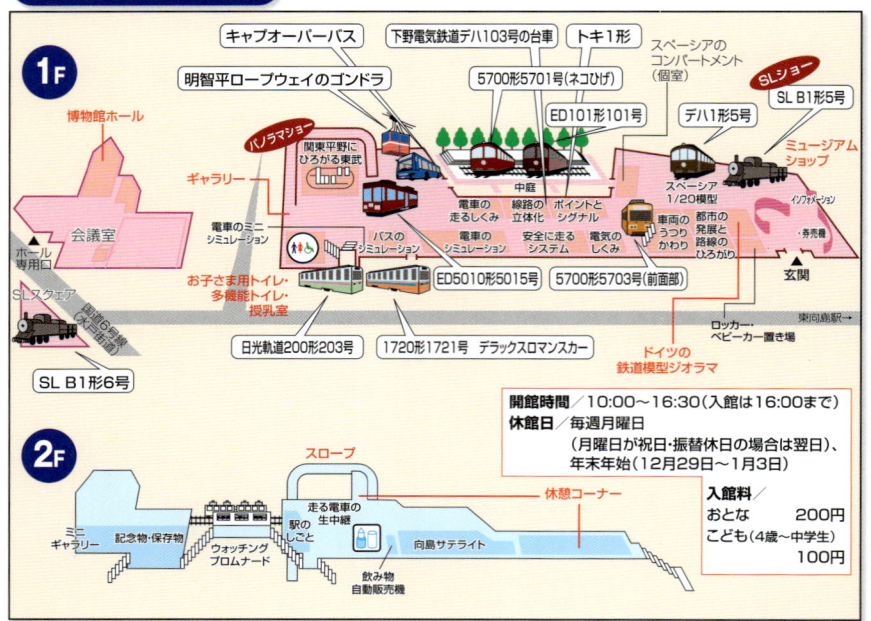

鉄道模型が造る大パノラマも見逃せない
写真提供：東武博物館

子どもたちに大人気の運転シミュレーション
写真提供：東武博物館

（Deluxe Romance Car、1720系）や日光軌道線の路面電車が良好な状態で展示されています。

　関東地方でも有数の規模を誇り鉄道模型が走る大パノラマには新旧の東武鉄道の車両や沿線風景が再現されています。また、電車やバスの運転シミュレーターも設置されており、子どもたちを中心に人気を集めています。2階には台車や走行機器を観察することができる小窓が設けられており、こちらは鉄道ファンに人気です。1階のミュージアムショップでは東武鉄道に関連する様々なグッズが販売されています。

　資料収集は現在も続けられており、展示物は年々充実しています。2009（平成21）年には施設がリニューアルされ、ますます充実しました。2012（平成24）年には8000系の8111号編成の動態保存を開始するなど、東武鉄道の鉄道文化を後世に伝えるべく意欲的な活動が続けられています。

車両のメカニズムについてはカットボディを用いて詳細に解説されている　写真提供：東武博物館

1章

関東一円に広がる 東武鉄道のネットワーク

写真提供：東武鉄道

東武鉄道は東京都心のターミナルである浅草と池袋を起点に、伊勢崎線と東上線の二大幹線を基軸とする463.3kmの路線網を有する日本第2位の規模を誇る私鉄です。経営の多角化も進められ、現在では89社にも及ぶ関連企業があり東武グループを形成。世界一高い自立式電波塔として2012年に開業した「東京スカイツリー®」も東武鉄道主体で建設されました。第1章では東武グループの現況をご紹介します。

写真提供：大野雅人

総論① 東日本民鉄の雄・東武鉄道の魅力

関東大手私鉄では最大規模を誇る東武鉄道。そこには誕生時の姿に再現された浅草駅、東京スカイツリータウン®、そして豪華な特急列車など、様々な歴史と魅力が詰まっています。

歴史を感じさせる駅と豪華な車両

　東京駅にほど近い東京メトロ銀座線日本橋駅から13分、終点の地下駅で列車を降りて地上に出ると、大きなビルが目の前に立ちふさがります。1931（昭和6）年、東武鉄道の新しいターミナルとして建設された浅草駅ビルです。このビルは1974（昭和49）年に実施された改修工事により、長らくアルミ製のカバーで覆われていましたが、2012（平成24）年に開業時の姿に再現されました。昭和初期のアール・デコ様式でかたどられたビルの姿は、80年もの長い歴史を感じさせてくれます。

　改札を抜けてホームに出ると、そこに待ち構えているのは東武日光行きの特急スペーシア「けごん」です。丸みを帯びた先頭部が美しく、車内に入ればリクライニングシートと販売カウンター、個室など、数々の豪華な設備が待ち構えています。日光の観光輸送に力を入れてきた東武鉄道の、一つの集大成といえる存在です。

東武鉄道の拠点駅である浅草駅。大部分の長距離列車はこの駅を起点としている

曳舟付近。新鋭車両50050型が行き交う　写真提供：東武鉄道

東京ソラマチ®「ソマラチダイニングスカイツリービュー」からの眺望。東武スカイツリーラインの電車が鉄道模型のように見える

関東最大の私鉄として君臨 その魅力は計りしれない

輸送人員
平成23年度
8億5571万人
定期 65% 5億5976万人
定期外 35% 2億9595万人

名車8000系の登場時塗装をした8111号編成
写真提供:東武鉄道

観光と通勤、都市と地方、2つの顔

　浅草駅を発車すると、右側には天空を貫く巨大な鉄塔が現れます。自立式電波塔では世界一の高さを誇る「東京スカイツリー®」です。東武鉄道にとっては日光に次ぐ新しい沿線観光地であり、観光輸送においても新たな展開が期待できます。

　北千住駅を過ぎると、「けごん」が走る東武スカイツリーライン(伊勢崎線)の線路は一気に増えて4線(複々線)になり、先行する通勤電車を追い抜いていきます。私鉄では日本最長の複々線区間で、特急電車と通勤電車が並走する姿が毎日のように見られます。

　また、相互直通運転をしている東京メトロや東急電鉄の様々な電車もすれ違っていきます。「けごん」は100km/h以上の俊足で関東平野を北上します。高層ビルが連なっていた車窓も、いつしか山川と田園に覆われていきます。大都市の通勤輸送と地方の地域輸送、相反する2つの姿も東武鉄道の面白いところです。

　このように、東武鉄道には様々な魅力が詰まっています。その一つ一つを、これから見ていくことにしましょう。

 大手私鉄……東京、名古屋、大阪、福岡の4大都市圏とその周辺において、とくに経営規模の大きい民営鉄道会社(16社)が「大手私鉄」と呼ばれています。関東には9社あり、東武鉄道もそのうちの一つです。

総論②
1都4県に広がる広大な路線網

東武鉄道はJRを除く民鉄では第2位を誇る路線網を有しています。その系統は東武スカイツリーライン（伊勢崎線）・日光線・野田線を中心とした路線群と、東上本線を中心とした路線群に分けられます。

浅草を起点に北関東へ線路を延ばす本線系統

　東武鉄道は、東京を中心に千葉、埼玉、栃木、群馬の1都4県にまたがる鉄道路線網を構築しています。その営業距離は463.3km。JRを除く民鉄では近畿日本鉄道について2番目の長さを誇り、関東大手私鉄では最長です。距離が長いだけに、そのネットワークもやや複雑ですが、「東武本線」と**飛び地路線**になっている「東武東上線」の2系統に分けて考えると、その構成がわかりやすくなります。

　東武本線は、浅草〜伊勢崎間の伊勢崎線（浅草・押上〜東武動物公園間は東武スカイツリーライン）と東武動物公園〜東武日光間の日光線、大宮

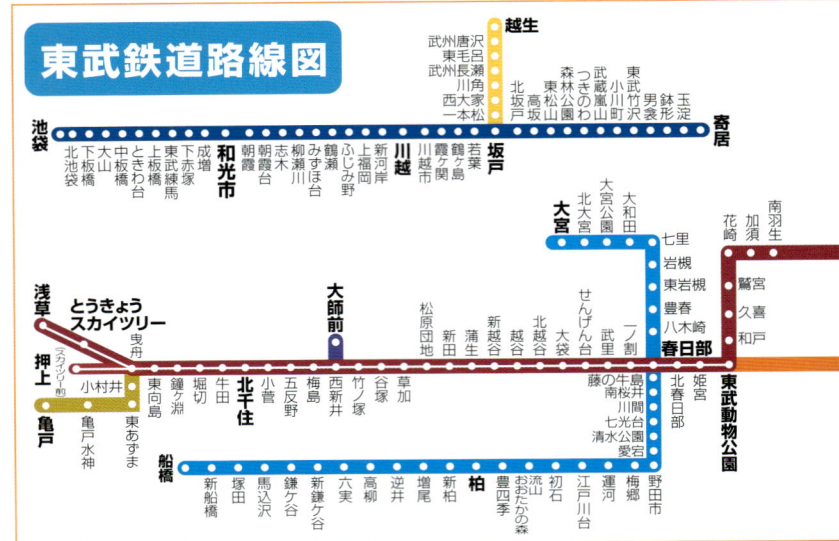

～船橋間の野田線を中心とした全長377.4kmの路線群の総称です。

一部の支線を除いて東京と沿線の主要都市を直結する特急が運転されており、南部の路線群では東京都心に流れる膨大な通勤通学輸送を担っています。一方、北部の路線群は栃木、群馬の地域輸送を主体としたローカル線といえます。

特急が運転されていて華やかな印象がある東武本線系統に対し、東上線系統は通勤通学輸送に徹した系統といえます。東上本線の池袋～森林公園間は東武スカイツリーライン（伊勢崎線）南部と同様、東京都心の通勤通学輸送が主体ですが、末端の東上本線森林公園～寄居間と越生線は埼玉県西部の地域輸送を主体としています。

東武鉄道の路線　　　　　　信号場も含む

路線名	区間	営業距離	駅数
伊勢崎線	浅草～伊勢崎	114.5km	54
亀戸線	曳舟～亀戸	3.4km	4
大師線	西新井～大師前	1.0km	1
佐野線	館林～葛生	22.1km	9
桐生線	太田～赤城	20.3km	7
小泉線	館林～西小泉・太田～東小泉	18.4km	7
日光線	東武動物公園～東武日光	94.5km	25
宇都宮線	新栃木～東武宇都宮	24.3km	10
鬼怒川線	下今市～新藤原	16.2km	8
野田線	大宮～船橋	62.7km	34
東上線	池袋～寄居	75.0km	39
越生線	坂戸～越生	10.9km	7

 まめ蔵　飛び地路線……東上線系統のような飛び地路線は、ほかにも西武鉄道の多摩川線などがあります。その多くは会社の合併により飛び地路線が生じたもので、最初から飛び地路線として開業した例は多くはありません。

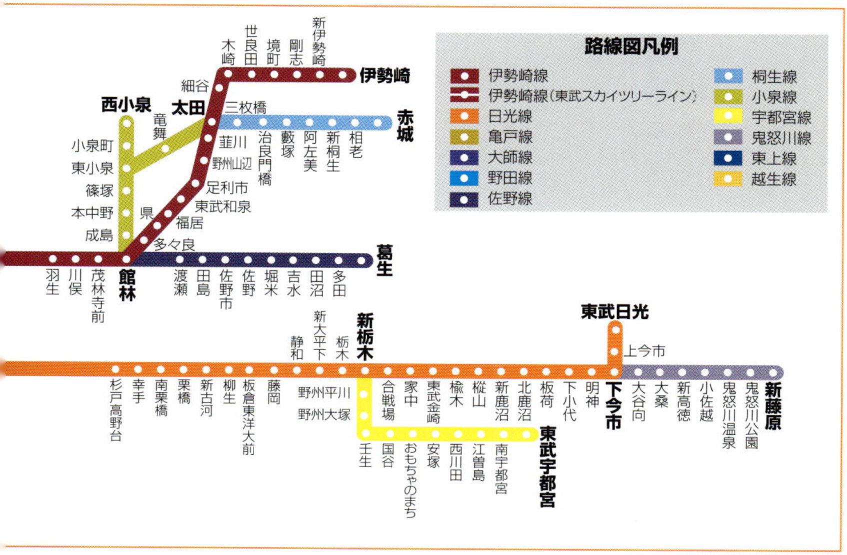

総論③　世界遺産の日光や鬼怒川温泉を擁する観光路線

古くからの観光地として知られる日光、そして東京の奥座敷として親しまれた鬼怒川温泉。東武鉄道はこれら有数の観光地を結ぶ鉄道路線としても機能しています。

国内最古の高等教育機関として知られる足利学校。最寄り駅は足利市駅

国内有数の観光地に直結する特急列車

　東武鉄道が運営する鉄道の沿線に住んでいる方にとって、東武鉄道の存在は通勤通学輸送の一手段という意識が強いと思います。しかし、沿線に住んでおらず、普段は東武鉄道とのつながりが薄い人たちにとっては、日光・鬼怒川温泉へのアクセス鉄道としてのイメージが強いのではないでしょうか。

　栃木県の日光は、古くから山岳信仰の拠点として整備され、江戸時代の1617（元和3）年には、徳川家康を神格化した東照大権現を祀る神社「東照宮」が創建されました。明治期に入ると、東照宮に代表される人工美、あるいは男体山や中禅寺湖などに代表される自然美によって、外国人の注目も集める日本有数の観光地へと成長しました。

　東京と両毛地域を結ぶ鉄道として設立された東武鉄道も、大正期には一

多彩で魅力的な沿線観光資源
日光、鬼怒川は国際的観光地

東武鉄道の沿線観光のハイライトである中禅寺湖。東武日光駅から路線バスが連絡している

関東の奥座敷として知られる鬼怒川温泉。大型の観光施設が林立する　写真提供：河野孝司

大観光地として発展した日光への進出を考えるようになり、1929（昭和4）年の日光線開業により浅草〜東武日光間を結ぶ列車が運転されるようになりました。

現在も「スペーシア」こと100系を使用した特急が運転されており、120km/hの高速運転とリクライニングシートや販売カウンター、個室を備えた豪華な車内設備が、競合するJR線を圧倒しています。最近は東武鉄道とJR東日本が手を結び、新宿発着の特急も運転されています。

鬼怒川温泉から東北・会津地方にも直通

東武鉄道の観光輸送は日光だけではありません。日光にほど近く「東京の奥座敷」と呼ばれた鬼怒川温泉にも、東武鉄道が足を延ばしています。もともとは電力開発の資材運搬用として建設された鉄道路線を改築して東武鉄道の路線網に組み込み、戦後まもなく浅草〜鬼怒川温泉間を直通する特急が運転されるようになりました。

現在は鬼怒川温泉の先にある会津地方へも第三セクターの野岩鉄道、会津鉄道に乗り入れて直通運転を行っており、東武の観光輸送は東北地方にまで及んでいます。

東京日光電気鉄道……日光への鉄道は東武鉄道とJR東日本の2路線が存在しますが、ほかにも巣鴨〜日光間を結ぶ東京日光電気鉄道などが戦前に計画されていました。これらは資金難から実現せず、幻の鉄道と化しています。

総論④ 東京の新名所・東京スカイツリータウン®

東京スカイツリー®を含む東京スカイツリータウン®は、東武鉄道を事業主体として建設されました。東武鉄道は東京スカイツリータウン®開業を機に車両をリニューアルするなどしています。

「タワーのある街」が誕生

1958（昭和33）年に完成した東京タワーは、テレビやFMの放送電波を送出するための電波塔として建設されました。

しかし、東京タワーの建設後に増加した高層ビルが障害となり、このままでは電波の送信に影響する恐れが出てきました。そこで、2003（平成15）年に東京の放送局は600m級の新しい電波塔を求めて推進プロジェクトを発足し、2006（平成18）年に最終候補地を、伊勢崎線業平橋（現・とうきょうスカイツリー）駅の貨物ヤード跡地に決定し、東京スカイツリー®を建設することになったのです。

事業主体である東武鉄道は、東東京エリアの活性化に寄与するため東京スカイツリー®を中心とした新しい街「東京スカイツリータウン®」を2008（平成20）年7月より着工し、2012（平成24）年5月にオープンしました。この「タワーのある街」を拠点に、地元の墨田・台東エリアと連携して交流人口の増加を図り、東東京エリアのポテンシャルを向上させ、その賑わいを広域的に波及させていき、東武沿線の活性化につなげていくのです。

東京スカイツリー®を取り囲むように立地する東京スカイツリータウン®　©TOKYO-SKYTREE

世界一高い自立式電波塔「東京スカイツリー®」
洗練されたショップが集う商業施設「東京ソラマチ®」も東京新名所に

タウン内には「すみだ水族館」も入居する　写真提供：すみだ水族館

東武の新名所となった商業施設「東京ソラマチ」。現代的で洗練されたショップが軒を連ねる

新ルート開拓とリニューアル車両投入などで新展開

　東武鉄道は東京スカイツリータウン®の開業に合わせて最寄り駅となる業平橋駅を「とうきょうスカイツリー」に改称するとともに駅施設をリニューアルしました。また東京スカイツリータウン®につながる路線として伊勢崎線浅草・押上～東武動物公園間の愛称を「東武スカイツリーライン」としました。

　列車の運行についても、野田線大宮～とうきょうスカイツリー間を直通する臨時列車を運転し、新ルートの開拓による観光客誘致を目指しています。車両については、窓からの眺望性を高めた展望電車として「スカイツリートレイン」こと634型が新たに投入され、日光・鬼怒川温泉のほか、沿線の両毛地域、大宮方面も含め、臨時特急として運転を開始しました。これまで日光や鬼怒川温泉が中心だった東武鉄道の観光輸送は、東京スカイツリータウン®のオープンによって新たな展開が期待されます。

 まめ蔵　**高さ634m**……東京スカイツリー®の高さは634m。この高さは「634＝むさし（武蔵）」と読めます。武蔵とは旧国名の一つで、東京スカイツリー®が立つ東京や埼玉、神奈川の一部を含む大規模な地域を指します。

総論⑤ 東急東横線・みなとみらい線との直通運転でさらに川越や越生が身近に

東京の"北玄関"となる池袋と、秩父鉄道の蒸気機関車や電気機関車が往来する寄居を結ぶ東上線には、歴史と自然にあふれたエリアが点在。"歩いて感じる魅力"がいっぱいの沿線です。

TJライナーが疾駆する東上線で、古都・川越の散策へ

　戦国時代、武蔵国で最も大きい町に属した川越は、現在も古都の魅力をふんだんに残す人気の観光スポットとして注目されています。

　川越へは、池袋から東武東上線の急行で30分。駅の東口から「小江戸名所めぐりバス」や路線バスに乗れば、重要建造物が立ち並ぶ蔵造りの街並みに出会えます。

　川越観光の"顔"ともいえる「時の鐘」をはじめ、"小江戸"などと形容される歴史的建造物が、川越駅の北側1km圏内に立ち並んでいます。

　また、明治時代から続く「**菓子屋横丁**」は、「時の鐘」のすぐ近く。焼き芋や焼きだんご、飴など、地元の食材を活かした懐かしい駄菓子が軒先に並んでいます。さらに、天台宗の寺院で、建物のほとんどが重要文化財に

小江戸・川越の蔵造りの街並み　写真提供：大野雅人

副都心線へも乗り入れる東上線で
埼玉の歴史ある古都や自然に親しむ

越生線の終着、越生駅に近い越生梅林

東上線を代表する名所である国営武蔵丘陵森林公園

指定されている喜多院は、徳川家とゆかりの深い寺院。"川越のパワースポット"としても知られ、正月のだるま市や、七五三、菊まつりなどで年間を通して賑わっています。

初春は東上線で関東三大梅林へ……満開となる越生梅林で英気！

　東上線の支線として位置づけられる越生線の沿線には、初春の見ごろに賑わう越生梅林があります。越生梅林は、関東三大梅林に数えられ、約2ヘクタールの園内に、白加賀・越生野梅・紅梅など、約1,000本の梅の木が植えられています。この梅林の中には、約600年前に植えられた木もあり、水戸偕楽園・熱海梅園とともに「関東三大梅林」のひとつとして数えられています。見ごろを迎える2月中旬から3月下旬まで、「梅まつり」が開催され、ミニSLなどの運行も行われることから、多くの"観梅客"で賑わいます。

　また、森林公園駅は日本初の国営公園として1974（昭和49）年に開設された国営武蔵丘陵森林公園の最寄り駅です。同園は全国でも有数の広大な公園で、古くからの自然林を活用した大自然を堪能できる公園として知られています。園内のサイクリングコースも人気で、森林公園駅前にはレンタサイクルの店もあります。

 まめ蔵 **菓子屋横丁**……関東大震災の影響を受けた都心部の需要にこたえるかたちで駄菓子を製造供給するようになったのが始まりです。この川越には、昭和初期、70軒ほどの業者が軒を連ねたといわれています。

2章

東武鉄道の路線と輸送のひみつ

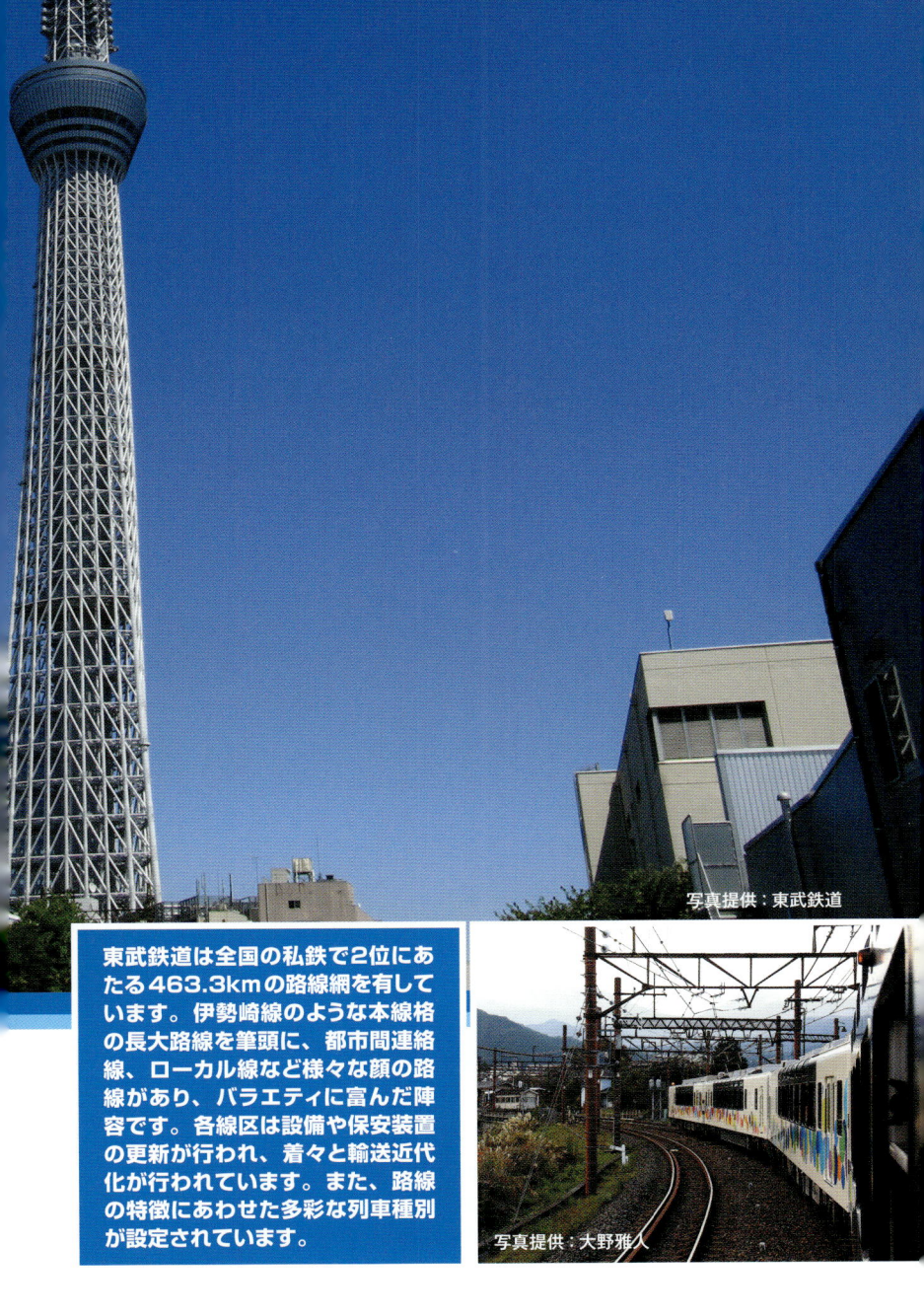

写真提供：東武鉄道

東武鉄道は全国の私鉄で2位にあたる463.3kmの路線網を有しています。伊勢崎線のような本線格の長大路線を筆頭に、都市間連絡線、ローカル線など様々な顔の路線があり、バラエティに富んだ陣容です。各線区は設備や保安装置の更新が行われ、着々と輸送近代化が行われています。また、路線の特徴にあわせた多彩な列車種別が設定されています。

写真提供：大野雅人

東武鉄道の輸送人員はどのくらいの規模なの?

東武鉄道は年間8億人以上の旅客を輸送しています。また、特急列車は国際的な観光地である日光・鬼怒川方面への観光客や両毛地域へのビジネス客に利用されています。

私鉄最長の複々線区間がある東武スカイツリーライン。列車同士の並列走行も見どころだ
写真提供:大野雅人

年間8億人以上の旅客を輸送

　東武鉄道全線の営業距離は463.3km。JR以外の鉄軌道事業者としては近畿日本鉄道に次ぐ第2位の長さで、関東地方では最長を誇ります。これを一本の線にすると、JR東海道本線の東京駅から米原駅の少し先、滋賀県の稲枝駅(462.0km)の到達するほどの長さです。463.3kmもの路線は東京都、千葉県、栃木県、群馬県の1都4県にわたり、沿線住民の重

人口密集地帯・首都圏の基幹交通として多くの乗客が集中 観光・ビジネスの足である特急列車

東武鉄道は年間8億人以上の旅客を輸送している(北千住駅改札口) 写真提供：東武鉄道

浅草・東京スカイツリー®と日光・鬼怒川方面を結ぶ特急「スペーシア」

要な足となっています。営業距離が長いだけに、その輸送人員もかなり多くなっています。2011（平成23）年度の東武鉄道の輸送人員は約8億5571万4千人で、1日あたりでは約233万8千人です。関東大手私鉄では東京メトロ、東急電鉄に次いで3位ということになります。

特急列車による観光・ビジネス輸送

　東武鉄道では、国際的な観光地である日光・鬼怒川方面へ特急「スペーシア」を、さらに2006（平成18）年3月より新宿からJR東日本との特急列車の相互直通運転を行っており、合わせて214万人（2011／平成23年度、以下同）に利用されています。また、東京と両毛地域を結び、主にビジネスでの利用が多い特急「りょうもう」は291万人に利用されています。

　特急列車を利用しやすくするため、これまでに停車駅の変更をはじめ2003（平成15）年には特急料金を見直し、平日・土休日・**午後割・夜割**料金の設定を実施しています。2012（平成24）年3月からは東京スカイツリータウン®の最寄駅である「とうきょうスカイツリー」駅に、上りの特急全列車と下りの一部の特急列車が停車しています。これにより、東京スカイツリータウン®からも日光・鬼怒川や両毛地区をはじめとした沿線エリアへのアクセスが便利になりました。

午後割・夜割……浅草発着の特急「スペーシア」、特急「りょうもう」の一部では、特急料金が通常より割引されてお得な「午後割」「夜割」料金を設定しています。

特急から普通まで11種類!
多彩な列車種別を研究

東武鉄道には、運転距離や停車駅、利用者の目的などに応じた多種多彩な列車種別が存在し、本線系統と東上線系統でも種別の構成にやや違いがあります。

特急以外も多彩な伊勢崎・日光線

　伊勢崎・日光線を中心とした本線系統で、最も停車駅が少なく所要時間も短いのは「特急」です。乗車券類のほか特別料金(特急料金)が必要な有料速達列車で、浅草駅と沿線の観光地、主要都市を結んでいます。

　乗車券類だけで乗車できる速達列車は、停車駅が少ない順に「**快速**」「**急行**」「**準急**」の基本種別3本が存在します。また、「区間快速」「区間急行」「区間準急」という3本の派生種別もあり、これらは快速・急行・準急の停車駅を基本に一部区間を各駅停車としています。快速・区間快速は全て浅草発着ですが、急行・準急は東京メトロ半蔵門線からの直通、区間急行・区間準急は浅草発着で、「区間」の有無は地下鉄直通の有無をも表しています。

　なお、特別料金が不要な速達列車は東武スカイツリーライン・伊勢崎線浅草〜太田間の区間急行と日光線、鬼怒川線で快速が運転されており、これらは伊勢崎線東武動物公園〜太田間と鬼怒川線では各駅に停車します。このため、速達運転は浅草〜東武動物公園〜東武日光間に限られます。

東武スカイツリーライン越谷駅の列車発車案内表示器　写真提供：東武鉄道

分割・併結を行う6050系には室内に種別や行き先が表示され、乗客にも好評だ

多彩な種別設定で運行のバリエーションを確保
ランダムな停車駅設定で混雑緩和を目指す！

東武スカイツリーラインの列車種別（平日）　**東武東上線の列車種別**（平日）

種別	主な運転区間	運転本数 (北千住発 下りの本数)
特急	浅草〜鬼怒川温泉・赤城	46
快速	浅草〜東武日光・会津田島	4
区間快速	浅草〜東武日光・会津田島	7
急行	中央林間〜久喜	77
区間急行	浅草〜太田	62
準急	中央林間〜久喜	31
区間準急	浅草〜南栗橋	35
普通	全区間	21

種別	主な運転区間	運転本数 (池袋発 下りの本数)
TJライナー	池袋〜小川町	9
急行	池袋〜小川町	53
準急	池袋〜川越市	45
普通	池袋〜志木	75

「区間準急」は中〜長距離区間に設定される

東上線の停車駅はちょっと複雑

　東上線系統では東上本線池袋〜小川町間のみ速達列車が設定されています。このうち速達運転（駅の通過）が行われているのは池袋〜東松山間です。
　列車種別は、停車駅の少ない順に「TJライナー」「快速急行」「急行」「通勤急行」「準急」の5本です。TJライナーは着席整理券を別途購入する必要があります（64ページ）。
　停車駅のパターンは、TJライナーは快速急行停車駅のうち和光市駅と志木駅を通過しますが、逆に快速急行通過駅のふじみ野駅には停車します。通勤急行も急行停車駅のうち朝霞台駅を通過しますが、志木以遠は各駅に停車します。なお、2013年3月のダイヤ改正からは池袋〜小川町間で新たに「快速」がラインアップに加わり、ますます利便性が向上します。

 快速の位置づけ……特別料金の有無や停車駅数などから列車種別の位置づけを見ると、JRは特急が最上位で急行→快速→普通と続きますが、東武は特急→快速→急行→準急→普通で、快速の方が急行の上位に位置します。

路線ガイド① 伊勢崎線(東武スカイツリーライン)
東京と両毛地域を結ぶ基幹路線

東武で最初に開通した基幹路線である伊勢崎線(東武スカイツリーライン)は、特急から通勤列車まで多種多彩な列車が運行されています。一方、北側の末端部は単線で、ローカル線の風情が漂っています。

夕陽を浴びながら走行する伊勢崎線(東武スカイツリーライン)の最新鋭車両・50050型。曳舟から地下区間に入り東京メトロ半蔵門線方面に乗り入れる 写真提供:大野雅人

2つの日本一を持つ東武最初の路線

　伊勢崎線(東武スカイツリーライン)は、東京都台東区の繁華街として知られる浅草を起点とし、埼玉県の久喜市や栃木県の足利市などを経て群馬県の伊勢崎市に至る、東武最初の鉄道路線です。まず1899(明治32)年に北千住〜久喜間が開業。その後も徐々に線路を延ばし、伊勢崎に到達したのは1910(明治43)年のことです。1931(昭和6)年には浅草雷

門（現在の浅草）駅が開業し、現在の路線がほぼ完成しました。

　営業距離は114.5kmで、JRを除く民鉄（私鉄）では日本一長い路線です。南側の区間は埼玉と東京を結ぶ主要通勤路線として機能しており、北千住～北越谷間は多くの通勤・通学客を運ぶため複々線化されています。複々線区間の距離は18.9kmに及び、これも日本の民鉄における複々線区間では最長です。近年は地下鉄との相互直通運転も活発に行われており、1962（昭和37）年から営団地下鉄（現在の東京メトロ）日比谷線に乗り入れているほか、2003（平成15）年には押上～曳舟間に**連絡線**を建設して東京メトロ半蔵門線にも乗り入れるようになりました。

2つの顔を持つ東武の基幹路線

　東武スカイツリーラインの浅草・押上～東武動物公園間は、区間準急、準急、区間急行、急行といった通勤列車から、有料特急「りょうもう」「けごん」「きぬ」まで、多種多彩な列車が運転されています。2012（平成24）年には、東京スカイツリー®につながる路線として「東武スカイツリーライン」の路線愛称が付けられました。

　一方、久喜～伊勢崎間の日中は、特急「りょうもう」を除くと普通列車だけになります。館林駅から先は単線になり、ローカル線の様相になります。東京の通勤路線と北関東のローカル線、相反する2つの顔こそ、伊勢崎線の魅力であるといえるでしょう。

　押上～曳舟間の連絡線……この区間は業平橋（現在のとうきょうスカイツリー）～曳舟間の線路増設と見なして建設されました。案内上は独立した路線ですが、伊勢崎線の一部ということになります。

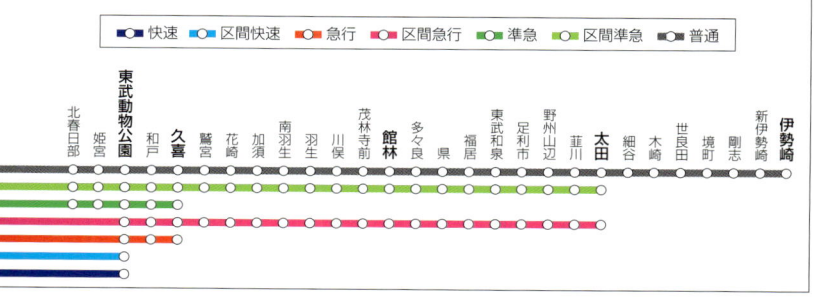

路線ガイド② 亀戸線・大師線
地域輸送を担う大都市圏のローカル線

伊勢崎線の支線である亀戸線と大師線は、遠大な構想に基づく主要路線として計画されました。しかし、後の計画変更で一部が開業しただけにとどまっています。

総武本線に乗り入れていた亀戸線

　伊勢崎線（東武スカイツリーライン）の起点は浅草駅ですが、当初は東京都江東区の越中島を起点とする計画でした。越中島は現在JR京葉線の駅がありますが、当時は海運の拠点として賑わっていました。この先行区間として建設されたのが、曳舟〜亀戸間3.4kmを結ぶ亀戸線です。

　亀戸線は1904（明治37）年に開業しました。開業時は東武鉄道と関係が深かった総武鉄道（現在のJR総武本線）の両国橋（現在の両国）駅まで乗り入れ、両国橋駅を都心側のターミナルとして伊勢崎線方面を結ぶ列車が運転されていました。亀戸線は伊勢崎線の支線というより、東武の基幹路線である伊勢崎線の一部だったのです。

　しかし、亀戸〜越中島間の延伸計画は予定ルートの市街地化が進んで建設が困難となり、さらに総武鉄道が1907（明治40）年に国有化される

大師前の改札口

下町の地域輸送を担う亀戸線
参詣路線としても機能する大師線

亀戸駅はJR総武線と連絡する

大師線の終着駅・大師前

と東武鉄道との関係も消滅し、1910（明治43）年に直通運転が廃止されます。これを機に、東武鉄道は浅草を新たな都心ターミナルとして整備し、亀戸線は基幹ルートから外れてしまったのです。

現在は線内を往復する各駅停車列車が走るだけで、「都会のローカル線」と化していますが、沿線の都市化が進んだことから利用者は多く、運転間隔も昼間10分を維持しています。

参詣輸送路線でもある東武最短の大師線

大師線は伊勢崎線の西新井駅から分岐して西に進み、大師前駅までを結ぶ路線です。

当初は伊勢崎線西新井～東上本線上板橋間を結ぶ西板線として計画され、とりあえず西新井～大師前間のみ1931（昭和6）年に開業しました。その後、西板線の計画は中止されます。

大師線の営業距離は1.0kmで、乗車時間もわずか2分。現在の東武線では最短の路線です。途中駅はなく、2両編成の電車が昼間10分間隔で線内を往復するだけですが、通勤通学客のほか、終点の大師前駅の近くには西新井大師があり、お正月を中心とした参詣客輸送で重要な役割を担っています。終着駅の大師前駅では出札業務は行われず、西新井駅で行われています。

 弾丸列車……最高速度200km/hで東京～下関間を結ぶ高速鉄道、いわゆる「弾丸列車」が戦時中に計画されました。現在の新幹線に相当する計画で、西新井付近には弾丸列車の車両基地を設けることが想定されていました。

路線ガイド③ 佐野線・桐生線・小泉線
様々な歴史を持つ北関東のローカル線

群馬県内で分岐する伊勢崎線の3支線は、東武鉄道が合併・買収した馬車鉄道などを起源としています。いずれも単線で、東武線の中でもローカル色がとくに強い路線です。

日光延伸を目指した佐野線

　群馬県館林市と栃木県佐野市を結ぶ佐野線は、安蘇**馬車鉄道**（後の佐野鉄道）として現在の佐野～葛生間に相当する区間が1890（明治23）年までに開業しました。1912（明治45）年には東武鉄道が佐野鉄道を合併し、1914（大正3）年に伊勢崎線と佐野線を結ぶ館林～佐野間が開業しています。

　当時の東武鉄道は、佐野線を日光まで延伸する計画を立てていましたが、後に杉戸（現在の東武動物公園）駅から分岐する日光線を建設し、佐野線の日光延伸は幻に終わりました。かつては葛生駅から石灰石輸送を目的とした貨物線（会沢線など）が延びていましたが、これも1997（平成9）年までに廃止されています。

　小泉線は、館林～東小泉～西小泉間と東小泉～太田間の2区間で構成さ

田島駅の駅名標

群馬中央部の生活路線として機能
特急「りょうもう」は花形列車

JR両毛線との連絡輸送も多い佐野線　　小泉線の終着駅・西小泉駅

れています。館林〜西小泉間は、1917（大正6）年開業の中原鉄道（後の上州鉄道）を東武鉄道が1937（昭和12）年に買収し、これを延伸した路線です。一方、東小泉〜太田間は周辺にあった軍需工場の従業員輸送を目的に東武鉄道が建設し、1941（昭和16）年に開業しました。

特急「りょうもう」が花を添える

　桐生線は、群馬県太田市の太田駅から桐生市の新桐生駅を経由し、みどり市の赤城駅に至る路線です。途中で交差するJR両毛線の連絡駅は設置されていませんが、相老駅でわたらせ渓谷鐵道、終点の赤城駅で上毛電気鉄道と連絡しています。藪塚石材軌道（後の太田軽便鉄道）が敷設した石材輸送専用の**人車鉄道**を東武鉄道が買収し、これを改築、延伸して1913（大正2）年に太田〜相老間が開業。1932（昭和7）年には新大間々（現在の赤城）駅まで延伸されました。

　3線とも全線が単線で運転本数は少なく、昼間は1時間に1本程度の普通列車が運転されているだけです。ただし、桐生線は浅草直通の特急「りょうもう」が多数運転されており、佐野線も「りょうもう」が1往復だけ運転されています。

> **まめ蔵**　**馬車鉄道・人車鉄道**……馬や人が車両をけん引、または押して走る鉄道を馬車鉄道、人車鉄道と呼びます。建設費や車両製造費が安いという利点がある一方、輸送力は極度に小さいため、1950年代までに姿を消しました。

路線ガイド④　野田線
全線が東京近郊のベッドタウン

在京大手私鉄の多くの路線が放射状の路線であるのに対し、野田線は郊外を結ぶ外環状線を形成しています。全線が東京のベッドタウンと化し、輸送人員も増加しました。

野田線で2013年にデビューする60000系
提供：東武鉄道

醤油輸送を目的に千葉県が建設

　埼玉県さいたま市の大宮駅と千葉県船橋市の船橋駅を結ぶ野田線は、都心と郊外を放射状に結ぶ路線を郊外側で連絡する外環状線といえます。東武スカイツリーライン（伊勢崎線）のほか、JR東北本線や常磐線、総武本線など他社路線とも連絡しています。

　もともとは野田で生産される醤油の輸送を目的に千葉県が計画し、1911（明治44）年に野田町（現在の野田市）～柏間が開業しました。その後、京成電気軌道（現在の京成電鉄）の本多貞次郎などが北総鉄道を設立して県営鉄道を譲り受け、これを拡張する形で柏～船橋間と野田町～大宮間が延伸開業します。京成線に連絡する**海神線**も建設されました。

　この間、北総鉄道は総武鉄道に改称しますが、本多貞次郎が総武鉄道の経営から離れたため、徐々に京成電気軌道との関係が薄れていきます。戦時中の1944（昭和19）年には東武鉄道が総武鉄道を合併し、現在に至っています。

途中にスイッチバックがある

　野田線は郊外を結ぶ路線で、1960年代からは沿線のベッドタウン化が急速に進みました。このため輸送人員も増加し、現在は昼間でも10分間隔で運転されるほどの主要路線に成長しています。近年は複線化が進み輸送力が強化され、現在残る単線区間でも、ほぼ全駅で上下列車の行き違いが行われ、運転本数を増やしています。

　ちなみに、柏駅は常磐線を挟み込む形で大宮側と船橋側の線路が分かれていましたが、1930（昭和5）年に大宮側の柏駅に統合され、駅の構内はスイッチバックの構造になりました。運転系統は原則として柏駅を境に分かれていますが、一部の列車は柏駅をまたいで運転されており、列車の進行方向が変わります。長年本線系統で使用された車両が投入されてきた野田線ですが、2013（平成25）年には新製車60000系がデビューします。

60000系のデビューで活況を呈する
首都圏の大外環状線として機能する都市間路線

野田線路線図

川間駅の改札口

まめ蔵　**海神線**……京成電気軌道に連絡させるため、旧・北総鉄道時代の1925（大正14）年に船橋〜海神間が開通、ガソリンカーが走っていました。しかし、わずか9年後の1934（昭和9）年に廃止されています。

路線ガイド⑤　日光線
世界遺産・日光へのアクセス路線

伊勢崎線（東武スカイツリーライン）が通勤輸送の基幹なら、日光線は観光輸送の基幹路線といえます。多くの観光客を乗せた特急スペーシアが駆け抜けていくほか、JRの特急車両も乗り入れてきます。

当初から複線電化で開業

　東武日光線は、伊勢崎線（東武スカイツリーライン）の東武動物公園駅から分岐し、栃木県日光市の東武日光駅に至る94.5kmの路線です。通勤輸送が主体の伊勢崎線に対し、日光線は観光輸送を主体とした路線といえます。

　伊勢崎線の建設が一段落した大正初期、東武鉄道は古くからの観光地として栄えていた日光への路線の建設を計画し、1929（昭和4）年に開業しました。伊勢崎線が単線非電化で開業し、後に輸送力強化のため複線化と電化が図られたのに対し、日光線は当初から全線複線電化で整備され、東武の意気込みが強く感じられます。これにより、浅草雷門（現在の浅草）～東武日光間135.5kmが電車で2時間24分という、当時としてはひじょうに短い時間で結ばれることになりました。

今も昔も観光輸送が主力

　東武日光線の目玉は、今も昔も観光客向けに運転されている特急列車です。「スペーシア」の愛称が付けられた100系が特急「けごん」「きぬ」と

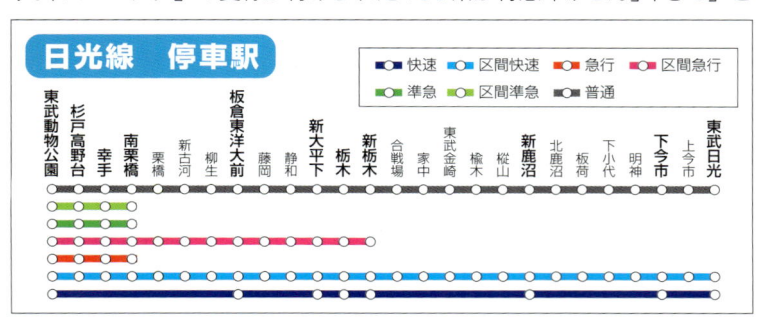

日光線　停車駅

■━■快速　■━■区間快速　■━■急行　■━■区間急行
■━■準急　■━■区間準急　■━■普通

東武動物公園／杉戸高野台／幸手／南栗橋／栗橋／新古河／柳生／板倉東洋大前／藤岡／静和／新大平下／栃木／新栃木／合戦場／家中／東武金崎／楡木／桜山／新鹿沼／北鹿沼／板荷／下小代／明神／下今市／上今市／東武日光

40

国際的観光地・日光へのアクセス路線
東武鉄道屈指の景勝路線として鉄道ファンにも人気

板荷〜下小代間を行く6050系。このあたりまでくると沿線風景には山林が目立つようになる　写真提供：河野孝司

特急「スペーシア」が快走する。日光線も新栃木あたりまでは平野部を行く

　して運転されており、このうち「けごん」は浅草〜東武日光間を最短1時間46分で結んでいます。2006（平成18）年からは新宿発着の特急「日光」なども運転されており、JRの特急車両も栗橋から乗り入れてきます。このほか、特急料金が不要な速達列車として快速・区間快速が運転されており、こちらはセミクロスシートを備えた6050系が使用されています。

　ローカル輸送は東武動物公園駅から3つ目の南栗橋駅を境に、その性格が分かれます。東武動物公園〜南栗橋間は、実質的には東武スカイツリーラインと一体化した都市近郊路線で、東京メトロ半蔵門線からの直通列車も東武スカイツリーラインを経て南栗橋駅まで運転されています。これに対して南栗橋〜東武日光間は、昼間の運転本数が1時間あたり2〜3本と少なくなり、伊勢崎線の久喜〜伊勢崎間と同様、ローカル色の強い路線になっています。観光色が強い現在の日光線も戦時中は**不要不急路線**として位置づけられていました。

> まめ蔵　**不要不急路線**……日光線は観光主体の路線であることから、戦時中は不要不急路線と見なされ、レールを一部撤去して単線になりました。撤去されたレールは、軍事輸送の強化を目的に熊谷線などに転用されています。

2章　東武鉄道の路線と輸送のひみつ

路線ガイド⑥ 宇都宮線
地域に密着した通勤路線

日光線から分岐する路線は2つ。そのひとつ宇都宮線は、その名の通り栃木県宇都宮市に向かう路線です。東京都心と宇都宮を直結する列車は少なく、地域輸送が主体です。

かつては東京直結の列車を多数運行

　東武宇都宮線は、栃木県栃木市の新栃木駅と、栃木県の県庁所在地である宇都宮市の東武宇都宮駅を結ぶ、全長24.3kmの路線です。東武日光線の開業から2年後の1931（昭和6）年に開業しました。壬生駅付近では、砂利を運ぶための側線が設けられ、宇都宮石材軌道を前身とする**大谷線**を介して、特産品である大谷石の輸送も行われました。

　かつては日光線と同様、浅草駅と東武宇都宮駅を結ぶ列車が多数運転されましたが浅草に直通する列車が徐々に減らされていき、2006（平成18）年には浅草直通列車がほぼ消滅しました。

　現在の宇都宮線は、昼間1時間あたり2本の間隔で普通列車が運転されており、地域輸送を主体としたダイヤが組まれています。そのほとんどは

宇都宮線路線図

栃木の県都・宇都宮を目指す都市近郊路線
唯一の直通特急「しもつけ」は花形列車

宇都宮線唯一の優等列車である特急「しもつけ」

おもちゃのまち駅には、多くの玩具メーカーの工場がある

起点の新栃木駅の構内風景

　日光線の栃木駅まで乗り入れており、栃木〜新栃木〜東武宇都宮間での運転となっています。終点の東武宇都宮駅は宇都宮市の中心部にあり、東武宇都宮百貨店の3階にあります。駅周辺は宇都宮の交通網の拠点となっており、駅前からはJRの宇都宮駅方面をはじめ、市内各方面への路線バスも連絡しています。

唯一の東京都心直通特急「しもつけ」

　宇都宮線から浅草に直通する列車として唯一残ったのが「しもつけ」です。現在の「しもつけ」は1988（昭和63）年、乗車券とは別に座席指定券が必要な有料の快速急行として運転を開始したのが始まりです。現在は特急列車として運転されており、急行用電車として改造された350型が引き続き使われています。

　「しもつけ」は朝に東武宇都宮駅を発車する上り1本と、夕方に浅草駅を発車する下り1本のみ運転され、宇都宮線沿線の方を中心とした東京方面への利用や、春日部などからの通勤などに利用されています。沿線では古くから宅地開発が進み、朝夕は通勤・通学の利用が多くなっています。

> **まめ蔵**　**大谷線**……1931（昭和6）年に宇都宮石材軌道が合併され、鶴田〜立岩・荒針間が大谷線となりました。同年に西川田〜新鶴田間が開通し、宇都宮線を経由して大谷石が輸送されました。1964（昭和39）年に廃止となっています。

第2章　東武鉄道の路線と輸送のひみつ

路線ガイド⑦　鬼怒川線
中距離輸送の需要が高い観光路線

日光線から分岐している鬼怒川線は、発電所の資材輸送を目的に建設されました。現在は観光輸送のほか、福島県会津地方に抜ける鉄道ルートとしても機能しています。

電力開発の軌道を東武が買収

　鬼怒川線は、栃木県日光市の東武日光線下今市駅から分岐して鬼怒川沿いに進み、新藤原駅に至る16.2kmの路線です。

　その歴史は東武日光線より古く、下野軌道（後の下野電気鉄道）として1917（大正6）年に開業しました。鬼怒川温泉付近にあった発電所の資材輸送が主な目的だったことから簡易な規格で建設され、**軌間**も現在の東武鉄道より300mmほど狭い762mmでした。その後は路線の延伸とともに改良されて東武鉄道と同じ1,067mmとなり、後に開業した東武日光線からの直通運転も開始されました。戦時中の1943（昭和18）年に東武鉄道が下野電気鉄道を買収して鬼怒川線となり、現在に至っています。

鬼怒川線の北のターミナル・鬼怒川温泉駅
写真提供：東武鉄道

地域観光の拠点である鬼怒川公園駅　写真提供：河野孝司

鬼怒川公園駅構内。右側の1番線は折り返し専用ホームとなっている　写真提供：河野孝司

関東の奥座敷・鬼怒川を目指す観光路線
野岩鉄道・会津鉄道との連携により周遊エリアを拡大

鬼怒川温泉駅前の足湯
写真提供：河野孝司

鬼怒川線路線図

気動車も走る多種多彩な列車

　現在の鬼怒川線は日光線と同様、鬼怒川温泉の観光客輸送が主体となっており、浅草〜鬼怒川温泉間を結ぶ特急スペーシア「きぬ」などが運転されています。ローカル列車は1時間に1本程度の運転で、昼間は日光線方面から乗り入れる快速・区間快速が鬼怒川線内で各駅に停車しています。

　長らく日光線の支線的な位置づけでしたが、1986（昭和61）年に新藤原駅と福島県会津地方を結ぶ野岩鉄道会津鬼怒川線が開業し、鬼怒川線は東京と会津地方を直結する鉄道ルートとしても機能するようになりました。野岩鉄道の開業と同時に浅草〜会津高原（現在の会津高原尾瀬口）間で相互直通運転を開始し、1990（平成2）年には福島県側で野岩鉄道と接続している単線非電化の会津鉄道会津線も会津高原〜会津田島間のみ電化し、直通区間が浅草〜会津田島間に拡大されました。

　2005（平成17）年からは、会津鉄道の気動車が野岩鉄道経由で鬼怒川線に乗り入れ、鬼怒川温泉〜会津若松間を直通する快速「AIZUマウントエクスプレス」が運転を開始しました。東武線内での気動車の営業運転は1983（昭和58）年の熊谷線廃止以来、およそ22年ぶりのことです。

> **まめ蔵**　軌間……2本のレールの内側の幅を「軌間」と呼びます。軌間が広いほど車両を大きくすることができ、輸送力が大きくなります。逆に軌間が狭いほど線路の敷地面積が小さくなり、建設費を安く抑えることができます。

路線ガイド⑧ 東上線
都心と埼玉県西部を結ぶ大動脈

東上線系統は、池袋を起点に埼玉県西部に線路を延ばす「西の東武」です。観光輸送も活発な東の本線系統とは線路が直接つながっておらず、通勤輸送を主体とした路線です。

首都圏北西部の大動脈である東上線。写真の10030型をはじめ多くの車両が充当されている
写真提供：河野孝司

埼玉県西部に延びる東武の独立路線

　東京の副都心・池袋をターミナルとし、埼玉県西部に線路を延ばしているのが東上線系統です。伊勢崎線や日光線を中心とした東武鉄道の本線系統と線路が直接つながっておらず、独立色が強くなっています。

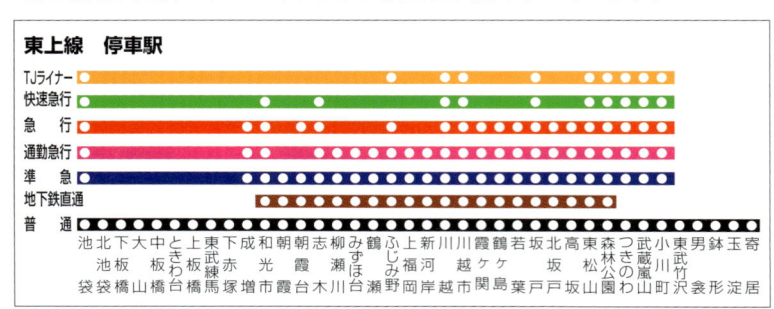

```
東上線　停車駅
TJライナー
快速急行
急　行
通勤急行
準　急
地下鉄直通
普　通
池袋 北池袋 下板橋 大山 中板橋 ときわ台 上板橋 東武練馬 下赤塚 成増 朝霞 朝霞台 志木 柳瀬川 鶴瀬 ふじみ野 上福岡 新河岸 川越 川越市 霞ヶ関 鶴ヶ島 若葉 坂戸 北坂戸 高坂 東松山 森林公園 つきのわ 武蔵嵐山 小川町 東武竹沢 男衾 鉢形 玉淀 寄居
```

東上線系統のうち、池袋駅から川越、坂戸、東松山、小川町などを経て、寄居町の寄居駅に至る基幹路線が東上線と呼ばれていますが、正式な名称は東上本線です。川越の有力商人や東武鉄道の根津嘉一郎（初代）などが東上鉄道を設立し、まず1914（大正3）年に池袋〜田面沢（現在の川越市〜霞ヶ関間の中程にあった駅）間が開業しました。その後も順次延伸され、1925（大正14）年までに寄居に到達します。この間の1920（大正9）年、東武鉄道と合併しました。

　当初の計画では、さらに北上して群馬県の渋川市まで建設する予定でした。東京から北西に進みながら「東上」という線名が付けられたのは、「東」京と「上」州を結ぶという意味が込められたためです。さらには渋川から新潟県の長岡市まで延ばす遠大な構想もありましたが、実現することなく今に至っています。

区間ごとに様々な顔を持つ

　現在の東上本線は、区間によって様々な顔を持っています。最も都心に近い池袋〜和光市間では、池袋発着の普通列車と準急、急行などの速達列車が数分間隔で運転され、和光市〜志木間は東京メトロ有楽町・副都心線からの列車も乗り入れる複々線区間になります。志木駅から先は再び複線となり、車窓は徐々にローカル色あふれる風景になっていきます。

　線路は武蔵嵐山〜小川町間にある嵐山**信号場**で単線となり、池袋発着の列車は小川町駅で折り返します。JR八高線の北東側を通る小川町〜寄居間は普通列車が昼間1時間あたり2〜3本走り、ローカル線の風情が漂っています。

上福岡名物！　元野球選手のうどん店「條辺」

　上福岡駅から徒歩3分のところには、元読売ジャイアンツ投手の條辺剛氏が経営する「讃岐うどん 條辺」があり、地域住民や野球ファンで連日賑わっています。同氏は引退後、香川県でうどん修業を敢行。本場の味を学んだということです。温玉うどん（2玉）が500円と値段もリーズナブル。東上線の乗り歩きではぜひ立ち寄りたい名店です。

暖簾に記載された店名のロゴは読売ジャイアンツの終身名誉監督である長嶋茂雄氏によるもの

まめ蔵　信号場……列車の行き違いなど運転の必要上から設置されるものの、旅客の乗降や貨物の積みおろしを行わない停車場を「信号場」と呼びます。嵐山信号場は複線と単線の接点にあり、分岐器が設けられています。

路線ガイド⑨　越生線
春は観梅客で賑わう郊外電車

東上線系統で唯一の支線が越生線です。区間によって様々な姿を見せる東上本線に比べ、やや地味な存在ですが、春は観梅客で賑わいます。

東武関連会社の路線として開業

　越生線は埼玉県坂戸市の東上本線坂戸駅から分岐し、越生町の越生駅に至る10.9kmの支線です。終点の越生駅ではJR八高線に連絡しています。

　東武鉄道の関連会社として設立された越生鉄道を起源とし、1932（昭和7）年の一部開業を経て1934（昭和9）年に全通しました。その後、1938（昭和13）年に施行された陸上交通事業調整法に基づく交通事業者統合の流れを受け、1943（昭和18）年に東武鉄道に買収されました。

　当初は非電化単線でしたが、戦後の1950（昭和25）年に電化されました。沿線は急速に開発が進み、武州長瀬〜東毛呂間は複線化されました。ちなみに、西大家駅の少し先にあった西大家信号所で分岐し、日本セメント埼玉工場までを結ぶ**専用線**が1963（昭和38）年に開通し、貨物列車

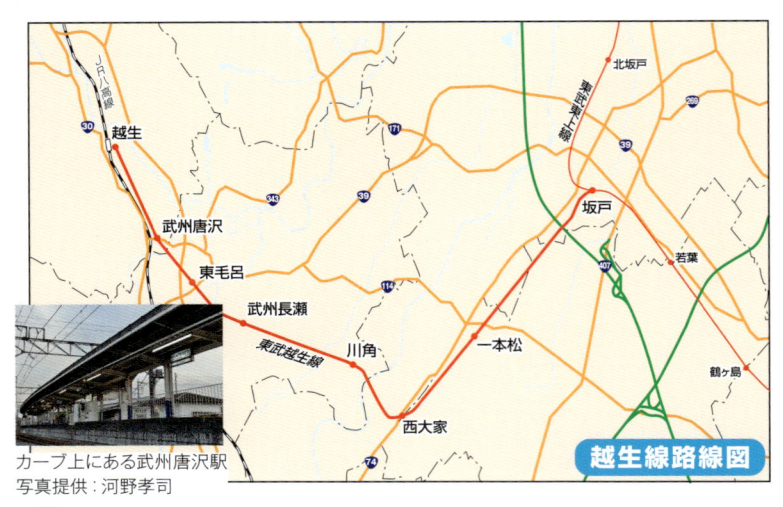

カーブ上にある武州唐沢駅
写真提供：河野孝司

越生線路線図

開業当時は、砂利輸送
現在は首都圏外縁部の通勤・通学路線に

越生線には8000系の4両編成が使用されている

JRとの共同使用駅となっている越生駅。切妻屋根の渋い木造駅舎が残る　写真提供：河野孝司（2点とも）

が運転されていましたが、トラック輸送への変更に伴い1984（昭和59）年に廃止されました。

かつて運転されていた観梅観光列車

　現在の越生線は、坂戸〜越生間の線内を往復する各駅停車列車のみ運転されています。とはいえ運転本数は比較的多く、昼間は15分間隔で運転され、東上本線を走る準急や急行に接続するダイヤが組まれています。

　東上本線から直通する列車は運転されていませんが、かつては池袋〜越生間を結ぶ観光列車「かまきた」などが運転されていました。越生町には「越生梅林」と呼ばれる梅の名所があり、水戸偕楽園や熱海梅園とともに「関東三大梅林」の一つに数えられていることから、観梅客輸送を目的とした観光列車が春の観梅期に運転されていたのです。

　この観梅直通列車は1976（昭和51）年まで運転され、その後しばらく途切れましたが、1996（平成8）年から2003（平成15）年まで「越生観梅号」として復活し、列車の先頭部にはヘッドマークも掲出されました。現在は再び直通列車が消滅したものの、春には観梅客で賑わいます。

> **まめ蔵**　**専用線**……貨物列車は駅で貨物の積みおろしを行いますが、駅から荷主の施設（工場など）まで線路を敷き、貨車を直接乗り入れさせることもあります。この線路を「専用線」と呼び、建設費は原則として荷主が負担します。

2章　東武鉄道の路線と輸送のひみつ

国鉄の直通列車と激しく争った東武特急の実力

国鉄(現在のJR東日本)と東武鉄道は東武日光線の開業以来、日光の観光輸送を巡って激しい競争を展開しましたが、デラックスロマンスカーの登場によって東武が勝利しました。

新型車両の投入合戦を繰り広げる

　東京～日光間は古くから国鉄線(東北本線～日光線)で結ばれていましたが、1929(昭和4)年に東武鉄道の日光線が開業すると、国鉄と東武は日光の観光客輸送で競合することになりました。

　競争が本格化したのは戦後に入ってからです。まず1953(昭和28)年、東武が新型特急車5700系を投入し、浅草～東武日光間を2時間16分で結びました。国鉄は一部区間が非電化というハンディを背負っていたものの、1956(昭和31)年にエンジンを強化した新型気動車を投入し、上野～日光間の所要時間を2時間に縮めました。一方、東武も高性能特急車1700系を投入し、2時間の大台を切って1958(昭和33)年には1時間59分に短縮。翌年からはノンストップ特急の運転が開始され、1時間55分まで短縮されました。

　これに対し、国鉄は1958(昭和33)年に電化し、翌年には特急並みの豪華な設備を持つ157系電車を投入。準急「日光」として、上野～日光間を1時間50分で結びました。

豪華な内装とサービスを提供し話題を集めたDRC。日本鉄道史に燦然と輝く不朽の名車だ　写真提供：RGG

国際的観光地・日光の観光客収奪戦
利便性と速達性で東武に軍配!

日光型の異名をとった国鉄の157系。DRCの良きライバルだった　写真提供：RGG

豪華特急電車の登場で競争に終止符

　東武と国鉄の激しい競争に終止符を打ったのが、1960(昭和35)年に東武が投入した特急車、「デラックスロマンスカー(DRC)」こと1720系です。国鉄2等車(現在のグリーン車に相当)と同等の豪華な座席が設置され、ジュークボックスを備えたサロンルームやビュッフェも設けられました。後に1700系も1720系と同一の車体に更新され、1972(昭和47)年までに全ての東武日光特急がDRCになりました。その後も線路の改良で所要時間が短縮され、1974(昭和49)年には上野〜東武日光間が1時間41分になりました。

　これに対し、国鉄は有効な手だてを打ち出すことができず、157系より設備の劣る**165系**電車の投入、料金制度の変更による実質的な値上げもあって、日光の観光客は東武に流れていきます。この結果、国鉄の日光観光輸送は衰退し、1982(昭和57)年に上野〜日光間を直通する定期優等列車が消滅したのです。東武特急の利便性と速達性の高さが市場に評価された結果といえるでしょう。

> **まめ蔵**　**165系**……国鉄の157系は準急形ながら特急並みの設備を持ち、普通車は回転式クロスシートを備えていました。一方、165系は当時の急行形としては標準的な車両で、普通車の座席は回転できないボックスシートでした。

かつてのライバルと手を組み 驚きの新ルートが登場!

日光の観光輸送は東武の独壇場となりましたが、その一方で輸送人員の減少にさらされています。東武はかつてのライバルと手を組み、活性化に取り組んでいます。

JRと協力して新たな需要を開拓

　日光の観光輸送が東武の独壇場となった1990（平成2）年、DRCに代わる新型特急「スペーシア」こと100系がデビューしました。スペーシアには私鉄初の個室が設けられ、国鉄との競争がなくなった後も、東武はサービスの向上に力を入れました。しかしこのころ、いわゆるバブル景気が終息し、日光特急の輸送人員も減少していきます。このため、2000年代には抜本的な対策を打ち出す必要に迫られました。

　こうして考えられたのが、かつてのライバルであるJR東日本との協力です。JR東日本は首都圏を網の目のように結ぶ路線網を持っています。そこで、東武の特急をJR線に乗り入れさせて新宿発着とし、東京西南部から日光に向かう新たな需要を開拓しようと考えたのです。JR東日本にとっても、再び日光の観光輸送に参入できるというメリットがあり、東武鉄道と協力して直通列車を運転することになりました。大手私鉄の特急型車両が新宿駅のようなJRのターミナル駅に乗り入れるということは極めて異例で、大いに話題となりました。

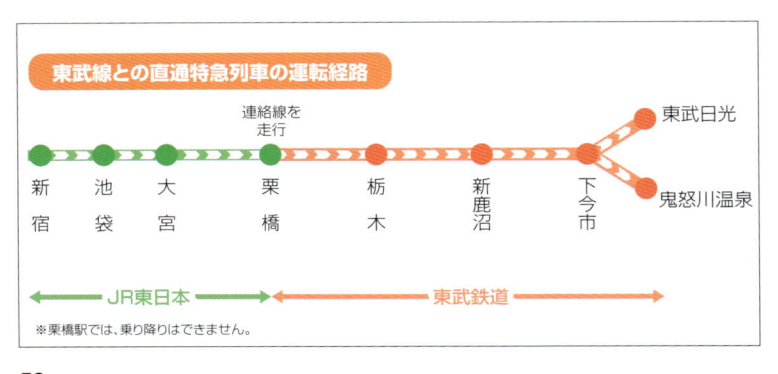

東武線との直通特急列車の運転経路

新宿 ― 池袋 ― 大宮 ― 栗橋（連絡線を走行） ― 栃木 ― 新鹿沼 ― 下今市 ― 東武日光／鬼怒川温泉

← JR東日本 →｜← 東武鉄道 →

※栗橋駅では、乗り降りはできません。

ライバル関係が一転して協調関係に！
JRと私鉄の雄が夢のコラボ

東武線に入るJR253系（下今市駅）
写真提供：河野孝司

栗橋駅からJR東北本線（宇都宮線）に入る特急「スペーシアきぬがわ」　写真提供：東武鉄道

スペーシア新宿乗り入れ初日。新宿駅では盛大にセレモニーが実施された
写真提供：東武鉄道

栗橋駅に連絡線を整備して乗り入れ

　JR～東武直通特急は2006（平成18）年3月から運転を開始しました。直通特急は新宿駅から山手**貨物線**～東北貨物線～東北本線（JR宇都宮線）を走行。栗橋駅にJR線と東武線をつなぐ連絡線を整備して東武日光線に入り、東武日光駅または鬼怒川線の鬼怒川温泉駅まで運転されています。使用車両は両社が用意して相互に乗り入れる形となり、JR東日本は485系特急電車の改造車（後に253系改造車に変更）、東武鉄道はスペーシア100系を投入しました。愛称はJRの車両で運転される列車は新宿～東武日光間が「日光」、新宿～鬼怒川温泉間が「きぬがわ」で、スペーシア100系で運転される列車は「スペーシア＋（愛称）」として運転されています。

　近年はJRのネットワークをさらに活用し、八王子や品川、千葉、大船の各駅を発着する臨時列車も運転されるようになりました。

> **まめ蔵**　**貨物線**……原則として貨物列車のみ運転されている貨物線ですが、鉄道貨物輸送の衰退で貨物列車が減少したことから、旅客列車が走行するケースも増えています。直通特急も新宿～大宮間で貨物線を走行しています。

2章　東武鉄道の路線と輸送のひみつ

東武鉄道の名物 下今市の分割・併結

1本の列車は基本的に「一つの終着駅」に向かって走ります。しかし、東武鉄道には「2つの終着駅」を持つ列車も存在します。下今市駅で列車が2つに分かれるためです。

下今市駅での併結風景

車内に設けられた行き先表示器の謎

　浅草～東武日光・会津田島方面の快速で運用されている6050系は、客室と乗務員室を仕切る扉の上に、行き先を案内するための表示器が設置されています。

　最近の新型車両は、客室ドアの上に行き先などを案内する表示器が設置されていますが、6050系は今から25年以上前の1985（昭和60）年に登場した車両。当時としては先進的な案内設備を持った車両ということになりますが、そこには車両運用上の、ある事情が隠されています。

私鉄では珍しくなった分割・併結が現存
下今市駅の素早い連結作業は東武名物

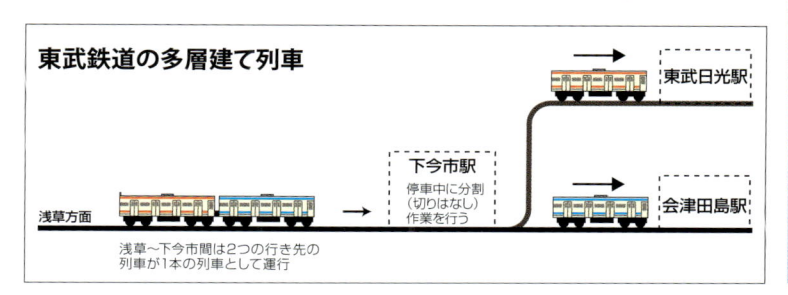

東武鉄道の多層建て列車

浅草方面 → 下今市駅 停車中に分割（切りはなし）作業を行う → 東武日光駅／会津田島駅

浅草〜下今市間は2つの行き先の列車が1本の列車として運行

2つの列車を1本にまとめて運転

　鬼怒川線で運転されている列車の多くは東武スカイツリーライン・日光線から乗り入れており、快速も浅草発着となっています。

　鬼怒川線は山岳路線ですから利用者もさほど多くなく、通常は2両編成でこと足ります。逆に利用者の多い浅草側では、2両だけで1本の列車を走らせるのは厳しいところです。これは東武日光駅に向かう快速も同じといえるでしょう。

　そこで東武鉄道は、浅草から東武日光に向かう快速と、会津田島方面に向かう快速を1本にまとめ、4両以上の編成で運転しています。日光線と鬼怒川線は下今市駅で分かれますから、ここで東武日光行きの車両と会津田島方面に向かう車両を切り離して2本の列車に分割し、それぞれの終着駅に向かって出発することになります。逆に上り列車は、下今市駅で東武日光発と会津田島方面からやってきた列車が合流して車両を併結し、1本の列車として浅草駅に向かうのです。

　ここで問題となるのが、利用者への案内です。浅草駅では1本の列車でも、行き先は車両によって異なりますから、東武日光駅に行きたいのに誤って会津田島方面に向かう車両に乗ると、まったく違う場所に連れていかれる恐れがあります。このような誤乗車を防ぐため、6050系の車内に行き先案内表示器を設置し、乗客がいつでも車両の行き先を確認できるようにしているのです。東武鉄道らしいきめ細かいサービスです。

> **まめ蔵**　**多層建て列車**……複数の列車を途中駅で分割・併結して運転する列車のことを「多層建て列車」と呼びます。かつての国鉄（現・JR）では、3本以上の列車による「3階建て」以上の列車も運転されていました。

東武線の最高速度は時速何キロメートルくらい？

東武鉄道は日光観光輸送を担う特急で関東民鉄では初の120km/h運転を実施しています。これに対し、一部の支線では線形などの事情から営業最高速度を100km/h以下に抑えています。

国鉄との競争の中で最高速度も向上

　東武鉄道は1929（昭和4）年の日光線開業以来、東京～日光間の観光客輸送を巡って国鉄（現在のJR東日本）と激しい競争を繰り広げてきました。そのため、東武スカイツリーライン浅草～東武動物公園間と日光線東武動物公園～東武日光間を中心に、古くから線路の改良などにより**最高速度**の向上が進められてきました。

　現在の東武スカイツリーライン・伊勢崎線と日光線の最高速度は、特急が日光線東武動物公園～東武日光間で特急「スペーシア」が120km/h。特急「りょうもう」などは110km/h、快速・区間快速が105km/hです。それ以外の通勤列車は100km/hとなっています。

　これ以外の路線では、東上線が100km/h、野田線が100km/h、宇都宮線は90km/hで、鬼怒川線や小泉線などは75km/hに抑えられていま

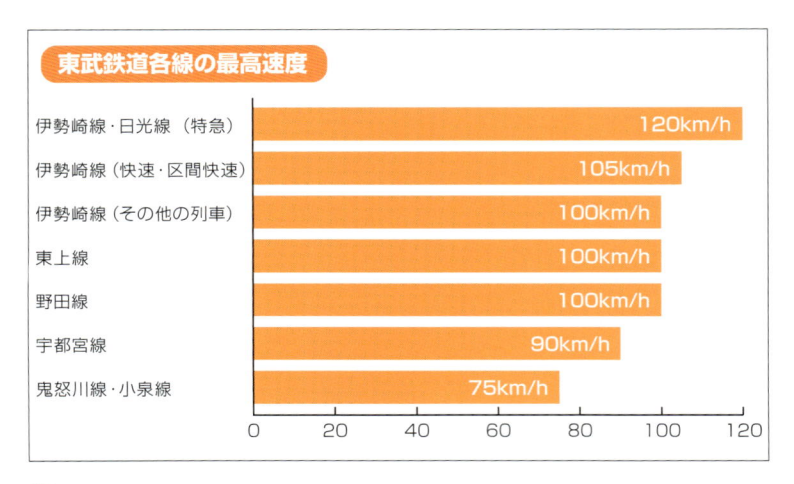

東武鉄道各線の最高速度

路線	最高速度
伊勢崎線・日光線（特急）	120km/h
伊勢崎線（快速・区間快速）	105km/h
伊勢崎線（その他の列車）	100km/h
東上線	100km/h
野田線	100km/h
宇都宮線	90km/h
鬼怒川線・小泉線	75km/h

特急スペーシアは
日光線で120km/h運転を実施

東上線の50090型の運転台
写真提供：東武鉄道

特急「スペーシア」は日光線で120km/h運転を実施している

す。75km/h以下の路線のうち、鬼怒川線では特急が運転されているものの、山岳地帯を走るためカーブが多く、特急といえども高速運転するのは難しいといえます。

スペーシア100系は関東民鉄初の120km/h運転

　営業列車として最高120km/hの運転を行う特急「けごん」「きぬ」は、やはり営業最高速度120km/hの運転に対応した特急専用車両「スペーシア」こと100系を使用しています。120km/h運転は1992（平成4）年9月から開始され、当時は浅草～東武日光間を98分で結びました。東武日光行きの下り「けごん」を例に取ると、100km/h以上での運転は五反野駅通過後の高架複々線区間から始まり、日光線に入ってからは115km/h前後で運転する区間が増えます。120km/h運転は、家中～樅山間などで行っています。

> **まめ蔵**　**最高速度**……鉄道車両の最高速度は、営業最高速度とは別に、設計上の最高速度（設計最高速度）が定められています。設計上の最高速度と営業最高速度は10～30km/h程度の隔たりがあるのが一般的です。

半蔵門線との直通運転で激変！伊勢崎線の運行形態

東武スカイツリーライン（伊勢崎線）は1962（昭和37）年から日比谷線との相互直通運転を開始しましたが、2003（平成15）年から半蔵門線への乗り入れも開始し、運行形態が激変しました。

半蔵門・田園都市線の乗り入れ列車に充当される30000系。50050型の増備により地下鉄乗り入れの運用数は年々減少している　写真提供：河野孝司

北千住駅の混雑を緩和へ

　北千住駅は、過去には営団地下鉄（現東京メトロ）日比谷線・千代田線、JR常磐線が連絡し、これらの各線の乗り換え客で混雑し、特にホーム上での伊勢崎線と日比谷線の乗り換えは著しい混雑状況でした。

　この状況を緩和するためにホームの拡張や連絡通路の新設などをはじめ、定期券を持つ乗客を対象に、1988（昭和63）年から平日の朝ラッシュ時のみ浅草経由で営団地下鉄銀座線に迂回乗車できるようにしました。さらに1990（平成2）年には業平橋（現・とうきょうスカイツリー）駅の貨物ヤード跡地にホームを増設して都営地下鉄・京成電鉄押上駅との乗り換え通路をつくり、押上駅での終日の迂回乗車を開始しました。

　1997（平成9）年に北千住駅が3層化される大改良工事が完了し、これらの迂回制度は廃止されています。

東京メトロ半蔵門線・東急田園都市線直通運転により、新たな鉄道ネットワークが形成

鐘ヶ淵付近。カーブの多い区間を10両編成が駆け抜ける　写真提供：河野孝司

東武スカイツリーラインを走行する東京メトロ半蔵門線の08系

半蔵門線直通もメインルートの一つに

　2003（平成15）年3月19日、渋谷～水天宮間を結んでいた営団地下鉄（現在の東京メトロ）**半蔵門線**が押上駅まで延長され、押上駅と曳舟駅を結ぶ連絡線も整備されました。

　これに伴い、東武鉄道はダイヤ改正を実施しました。伊勢崎線の列車種別は、特急・急行料金を別途徴収する有料速達列車の「特急」「急行」、乗車券類だけで乗車できる「快速」「準急」「区間準急」、そして各駅停車の「普通」という構成でしたが、準急より停車駅の少ない「通勤準急」が新設され、さらに業平橋発着の列車は全て半蔵門線への直通列車に変更されました。

　3年後の2006（平成18）年に実施されたダイヤ改正では、有料速達列車の急行を特急に格上げするとともに、快速の派生種別として「区間快速」を新設。さらに通勤準急を「急行」、準急を「区間急行」、半蔵門線直通の区間準急を「準急」にそれぞれ変更しました。こうして現在とほぼ同じ運転体系が確立し、通勤・通学輸送は半蔵門線直通もメインルートの一つになりました。半蔵門線との乗り入れにより、伊勢崎線の複々線区間では東京メトロの日比谷線と半蔵門線の車両が並走するというとてもユニークな光景が見られるようになりました。

> **まめ蔵**　**半蔵門線**……1978（昭和53）年に渋谷～青山一丁目間が開業し、その後徐々に延伸して2003（平成15）年までに現在の区間が全通しています。将来は押上駅から常磐線の松戸駅まで延伸する構想もあります。

東上線にも特急が運転されていたって本当？

急行料金や特急料金を必要とする優等列車が運転されていない東上線ですが、かつては英国の名列車にちなんだハイキング特急「フライング東上」などが運転されていました。

英国の名列車にちなんだ愛称付き特急

　現在、東武鉄道の特急は伊勢崎・日光線の本線系統のみ運転されていますが、かつては東上線系統でも、行楽客向けの愛称付き特急が運転されていたことがあります。

　戦後の東上線特急として、最もよく知られているのがハイキング特急「フライング東上」で、1949（昭和24）年秋から運転を開始しました。列車愛称は、ロンドン～エディンバラ間で運転されているイギリスの有名な優等列車「**フライング・スコッツマン**」にちなんでいます。車両は深紅色と黄色の帯で塗装された専用車を投入し、編成の先頭部には鳥の羽をあしらったヘッドマークを掲出。当時まだ珍しかったレコードプレーヤーを搭載して車内に音楽を流すなど、画期的なサービスも提供されました。

　その後、「フライング東上」は春と秋の休日に運転されるようになり、1950（昭和25）年12月からは車体の色が濃い

往年の東上線の特急「フライング東上」　写真提供：岡準二

青と黄色の帯に変更されました。1954（昭和29）年からは速達料金を徴収する有料特急になっています。しかし、ほどなくして速達料金は廃止され、その後は8000系などの一般的な通勤形電車で運転されるようになり、1967（昭和42）年12月の運転をもって「フライング東上」は廃止されました。

急行格上げの愛称付き特急も消滅

一方、1952（昭和27）年春からは、愛称付きの行楽特急も運転されるようになり、最盛期の1960（昭和35）年には、小川町行きの「さだみね」、越生行き「くろやま」、寄居行き「あらかわ」、秩父鉄道乗り入れの長瀞行き「ながとろ」など、様々な愛称付き急行が運転されました。1971（昭和46）年には、東上線の列車種別として急行が新設されたことから、速達料金不要の特急に変更されています。

しかし、1992（平成4）年に列車愛称が廃止され、2008（平成20）年からは特急は設定されていません。

英国の名列車にちなんだ命名！フライング東上は往年の看板列車

本家イギリスの「フライング・スコッツマン」　写真提供：高木宏之

まめ蔵
フライング・スコッツマン……エディンバラ行き「フライング・スコッツマン」は、ロンドンのキングス・クロス駅を10時に発車します。「10時発」は1862（文久2）年の運転開始以来150年続く、伝統の発車時刻なのです。

東武鉄道の夜行列車「尾瀬夜行」と「スノーパル」

東武鉄道は私鉄で唯一、夜行列車を運転しています。週末のみの運行ですが、目的地に朝早く着けることから時間の節約にもなり、登山客やスキー客に人気です。

東武鉄道は私鉄で唯一夜行列車を運行し、人気を集めている

女性専用車も設定されている 写真提供：東武鉄道（2点とも）

長い歴史を持つ東武の夜行列車

　夜行列車は睡眠中も移動することから、時間を節約できるというメリットがあります。東武鉄道では、1955（昭和30）年から1998（平成10）年まで浅草〜東武日光間を結ぶ「日光山岳夜行」が、1956（昭和31）年から1967（昭和42）年まで浅草〜中央前橋間（赤城〜中央前橋間は上毛電気鉄道に乗り入れ）を結ぶ「赤城夜行」が運転されていました。

　野岩鉄道会津鬼怒川線への乗り入れ運転を開始した1986（昭和61）年からは、浅草〜会津高原（現在の会津高原尾瀬口）間を結ぶ「スノーパル」、翌年には「尾瀬夜行」が運転を開始しました。列車の愛称名は、浅草駅の発車時刻を加えた「スノーパル23：55（ニーサンゴーゴー）」「尾瀬夜行23：55」です。私鉄の夜行列車は現在東武鉄道のみが運転しており、そのユニークさは際立っています。スキー・スノーボード客向けの「スノー

現在の私鉄で唯一の夜行列車
観光客のみならず鉄道ファンにも人気

尾瀬夜行時刻表（2012年の場合）

23:55	浅草発
0:10	北千住発
0:25	新越谷発
0:40	春日部発
3:18	会津高原尾瀬口着
6:10	尾瀬登山口 沼山峠着 （専用バス）

乗客にはスリッパとブランケットが用意される　写真提供：東武鉄道

パル」は冬季、尾瀬観光客向けの「尾瀬夜行」は夏季の運転で、週末の深夜23時55分（専用バス）に浅草駅を発車します。上りは運転されていません。車両は快速列車用の6050系が使われていましたが、2001（平成13）年冬季から300系に変更されて急行となり、2006（平成18）年夏季からは特急に格上げされました。

終着駅で仮眠時間を確保

　夜中に発車して朝方に到着するダイヤを組む場合、運転時間は少なくとも5～6時間は必要です。私鉄第2位の路線網を誇る東武鉄道といえど、そこまで乗車時間がかからず、「尾瀬夜行」は未明の3時台に終点の会津高原尾瀬口駅に到着してしまいます。これでは十分な睡眠が取れません。
　そこで「尾瀬夜行」の場合、到着後も車内がしばらく開放され、尾瀬の入口である沼山峠に向かう連絡バスが発車する前（3時50分ころ）まで仮眠できます。「スノーパル」は途中の新藤原駅で長時間停車し、車内での仮眠時間を確保して、会津高原尾瀬口からの会津高原たかつえ・だいくらスキー場に向かうバスに連絡するダイヤが組まれています。

> **まめ蔵　利用するには**……バスの切符やスキー場施設利用券などがセットになったツアー販売で、運転日当日の17時まで東武トラベル各支店で発売しています。夜行列車のみの切符を購入することはできません。

マルチシートの採用で必ず座れるサービスを提供！

東上線では新しいタイプの通勤列車「TJライナー」が運転されています。ユニークな座席を備えた通勤電車を使用し、「必ず座れるサービス」を提供しているのが特徴です。

必ず座れる新しいタイプの通勤列車

　ラッシュ時の通勤列車は座席数を超える利用者であふれかえり、確実に座れるわけではありません。そこで東武鉄道は池袋駅から中長距離を利用する旅客への、速達・着席サービスを提供するために、2008（平成20）年「TJライナー」という新しいタイプの通勤列車の運転を開始しました。
　TJライナーは座席定員制の列車で、池袋駅から乗車する場合、着席整理券（300円）を別途購入して乗車します。このため、確実に座ることができます。
　運転本数は夕方ラッシュ時の池袋発9本（土休日は4本）で、森林公園駅または小川町駅まで運転されます。池袋〜ふじみ野間はノンストップ運

関東地方で唯一のマルチシートを採用する50090型。今後の広がりにも期待したいところだ　写真提供：東武鉄道

転で、速達性を確保するため急行より停車駅が少なくなっています。通勤路線の色彩の濃い東上線には長らく有料列車がありませんでしたが、TJライナーは東上線のイメージを変える大きなインパクトを与えたのです。

ちなみに「TJライナー」の愛称は3つの案の中から利用者の投票により決定したものです。

座席タイプを変更できる新型車を導入

TJライナーは、JRが運行している着席保証列車「ホームライナー」と同じタイプの列車といえます。ただし、JRのホームライナーが特急の回送列車を活用しているのに対し、TJライナーは新型の通勤電車50090型を使用しています。

50090型は、通勤電車50000系をベースに、車内の座席を「マルチシート」に変更したものです。線路に対して平行方向（ロングシート）と垂直方向（クロスシート）のどちらにも変更でき、TJライナーで使用する場合は、必ずクロスシートに切り替えて運転されます。

池袋駅のTJライナー改札口では、2009（平成21）年から鉄道業界では初となる二次元バーコードを利用した「着席整理確認システム」が導入され、着席整理券を読み取り機にタッチします。

マルチシートで着席サービスを実現
鉄道業界初の二次元バーコードによる確認システム

ロングシートの状態。背もたれが高い位置まであり、一般の車両との違いが際立っている

クロスシートの状態。クロスシートによる着席サービスは乗客にも好評だ

写真提供：東武鉄道（2点とも）

まめ蔵　ケーキを販売……TJライナーの運行開始1周年を記念し、2009（平成21）年に東武百貨店池袋店がTJライナーをモチーフしたケーキが100台、限定発売されました。

長大な複々線区間を活かした緩急結合を実現

さまざまな列車種別が混在する東武スカイツリーライン（伊勢崎線）では、私鉄最長の複々線区間を活用して速達列車と普通列車を分離し、さらに途中駅で乗り換え可能な結合ダイヤを組んでいます。

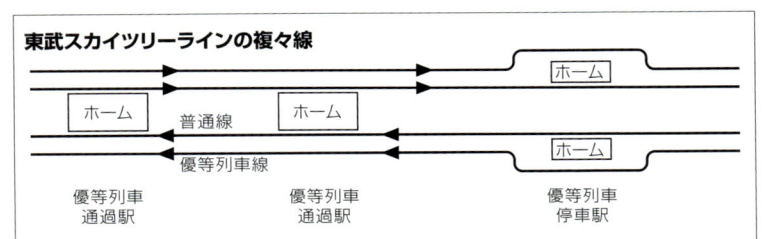

東武スカイツリーラインの複々線

| 優等列車通過駅 | 優等列車通過駅 | 優等列車停車駅 |

※東武鉄道の複々線は同一方向に向かう路線が並列に並びますが、これを方向別複々線といいます。この方法のメリットは優等列車が停車する駅で同一ホームでの乗り換えができる点です。一方、異なる路線の上下線が並列に並ぶ方法を路線別複々線といい、JR中央本線の御茶ノ水～三鷹間などがこれに該当します。

速達列車と普通列車の走行線路を分離

東武スカイツリーライン（伊勢崎線）の北千住～北越谷間18.9kmは、下り線と上り線がそれぞれ2線ずつ設けられ合計4線の複々線になっています。JRを除く私鉄では、日本で最も長い複々線区間です。

東武スカイツリーラインではさまざまな列車種別が設定されており、後から発車した特急や急行などの速達列車が、先に発車した各駅停車の普通列車に追いつくことがあります。このような場合、駅の線路を増やして普通列車を待避させ、速達列車を先に行かせますが、普通列車は速達列車がやってくるまで停車し続けなければならず、ただでさえ遅い普通列車がさらに遅くなってしまいます。

そこで東武スカイツリーラインの複々線区間では、外側の線路を特急や急行などの速達列車専用、内側の線路を普通列車専用とし、速達列車はいつでもどこでも普通列車を追い抜けるようにしました。このような運転形態を「緩急分離」といい、それぞれの列車種別の利便性を損なわないようにしています。

長大複々線導入によるダイナミックな輸送改善
緩急結合の実現で全体のスピードアップを実現

草加駅では優等列車と普通列車の乗り継ぎが同一ホーム上でできる

同じホームで乗り換えできる結合ダイヤ

　東武鉄道は北千住～北越谷間で複々線を生かした緩急分離運転を実施していますが、その一方で「緩急結合」のダイヤを組み、利便性をさらに高めています。

　普通列車しか止まらない蒲生駅から北千住駅に向かうと、途中で急行列車などに抜かれます。しかし、途中の草加駅では普通列車と急行列車が前後して到着、発車するため、普通列車から急行に乗り換えることができます。これにより、北千住駅により早く着くことができるのです。このような緩急結合のダイヤを組むことで、速達列車の利便性を普通列車しか止まらない駅にも波及させています。

　なお、草加駅は速達列車が走る外側の線路と普通列車が走る内側の線路の間にホームを設置しており、同じホームで普通列車から速達列車に、速達列車から普通列車に乗り換えできます。西新井、新越谷、越谷、北越谷の各駅ホームも同様の構造になっており、緩急結合ダイヤの利便性を高めています。

> **まめ蔵　複々線化の財源**……複々線化は膨大な工事費を必要とします。そこで、工事に要する費用の一部を積立金として予め運賃に上乗せしたうえで、工事費の一部に充当することを認めた特定都市鉄道整備促進特別措置法が制定されました。

伊勢崎線に路線愛称「東武スカイツリーライン」を導入

東武鉄道は伊勢崎線の浅草・押上～東武動物公園間に「東武スカイツリーライン」という路線愛称を付けました。東京スカイツリータウン®につながる路線として導入しました。

終点駅を路線名称にするメリット

　鉄道会社は、会社としての名称とは別に、運営する路線の名称を定めていることがあります。とくに複数の路線を抱えている場合、業務上あるいは案内上からも路線名称の設定は必須条件といえます。路線名称は起点や終点、途中経過地の地名、あるいは起点と終点の地名を合成した名称を用いるのが一般的です。例えば、浅草～伊勢崎間を結んでいる伊勢崎線の場合、終点の地名（群馬県伊勢崎市）にちなんだ路線名称です。

　終点の地名を路線名称とした場合、起点側から路線を利用する人にとってはわかりやすいというメリットがあります。逆に終点側から路線を利用する場合、どこに行くのかわかりにくいという問題が発生します。例えば、東武動物公園駅から浅草や東京スカイツリー®を観光で訪れる場合、その反対方向に存在する地名にちなんだ伊勢崎線を利用するということになるわけです。

路線愛称のある主な路線

会社名	路線愛称	正式名称	愛称が付く区間
JR北海道	学園都市線	札沼線	桑園～新十津川
JR東日本	はまなすベイライン大湊線	大湊線	野辺地～大湊
JR東日本	男鹿なまはげライン	男鹿線	追分～男鹿
山形鉄道	フラワー長井線	長井線	赤湯～荒砥
JR東日本	京浜東北線	東北本線・東海道本線	大宮～横浜
JR東日本	湘南新宿ライン	東北本線・高崎線・山手線・品鶴線・東海道本線・横須賀線	高崎・宇都宮～小田原・逗子ほか
JR西日本	万葉まほろば線	桜井線	奈良～高田
JR西日本	JR神戸線	東海道本線	大阪～神戸
JR西日本	JRゆめ咲線	桜島線	西九条～桜島
JR四国	よしの川ブルーライン	徳島線	佐古～佃
JR九州	ゆふ高原線	久大本線	久留米～大分
JR九州	えびの高原線	肥薩線・吉都線	八代～都城

日本では珍しい英語路線名
東武鉄道のシンボル・東京スカイツリー®を路線愛称に

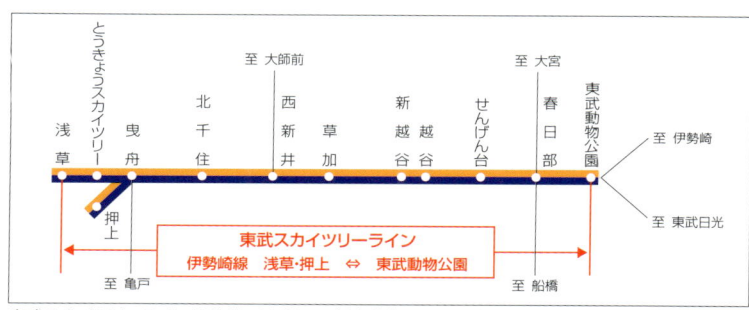

東武スカイツリーラインは私鉄では珍しい路線愛称で、正式名称ではありません

東京スカイツリータウン®につながる路線

　東武鉄道は、2012（平成24）年3月17日から伊勢崎線の浅草・押上～東武動物公園間に「東武スカイツリーライン」という路線愛称を付けました。

　路線愛称とは、正式な路線名称とは別に、ある種の副名称として付けられる線名のことです。複数の路線を一体的に運営しているなど、案内上の必要から用いられますが、「東武スカイツリーライン」は、東京スカイツリー®を中心とする東京スカイツリータウン®と、世界遺産や温泉を抱える日光・鬼怒川温泉などとの結びつきをより深めるとともに、東武沿線や首都圏の人々に東京スカイツリータウン®をより身近に感じてもらうために、東京スカイツリータウン®につながる路線として導入されました。

　これに伴い、駅構内にある各種案内板も「伊勢崎線」から「東武スカイツリーライン」に書き換えられています。浅草・押上～伊勢崎間の正式な名称は今も伊勢崎線のままですが、案内上は東武動物公園駅を境に名前が分かれることになりました。路線愛称には観光振興を目的に、地域の観光資源や名物を路線名に入れ込むものと、地域の実態に即した新名称を新たに選定するものの2種があります。前者には東武スカイツリーラインのほか、JRの十和田八幡平四季彩ライン（花輪線）、奥の細道ゆけむりライン（陸羽東線）、後者にはJRの宇都宮線、**京浜東北線**、学研都市線、福北ゆたか線などが挙げられます。

> **まめ蔵　京浜東北線**……大宮～横浜間のJR京浜東北線も、ある種の路線愛称といえます。正式な路線名称は大宮～東京間が東北本線、東京～横浜間が東海道本線ですが、「京浜東北線」を名乗る電車が両線を直通しています。

2章　東武鉄道の路線と輸送のひみつ

東横線との乗り入れ開始により拡大する東上線の輸送ネットワーク

東急東横線と東京メトロ副都心線の直通化工事が2013（平成25）年春に完成。東上線から東横線への乗り入れも開始され、埼玉県西部と横浜方面を直結するネットワークが構築されます。

2013年3月より東急電鉄の車両による東武鉄道への乗り入れが開始される（和光市にて）
写真提供：大野雅人

東横線の地下化で直通が可能に

　東武鉄道は2013（平成25）年3月16日から、東上線と東京急行電鉄東横線・横浜高速鉄道みなとみらい線との**相互直通運転**を開始します。
　すでに東上線は、森林公園～和光市～渋谷間で東京メトロ副都心線との相互直通運転を行っており、一方、東急東横線は渋谷～代官山間を地下線に変更する工事が進行中で、東急の渋谷駅も副都心線の渋谷駅ホームに移ります。つまり、副都心線と東横線・みなとみらい線が1本の線路でつながり、副都心線と相互直通運転を行っている東上線も、東横線・みなとみらい線に乗り入れることが可能になるのです。

川越方面と横浜方面が直結
車両バリエーションが豊富になる東上線

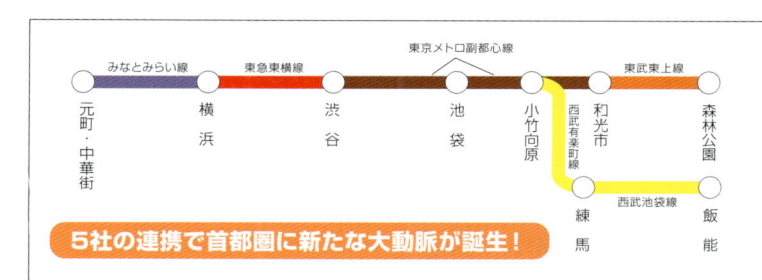

5社の連携で首都圏に新たな大動脈が誕生！

5社による相互乗り入れが開始され、利便性が大きく向上。和光市駅では東武、西武、東京メトロ、東急、横浜高速の5社の電車を見ることができるようになりました。

5社の車両が共演する直通運転

　直通列車の運転本数は日中時間帯で毎時2本、所要時間は川越〜元町・中華街間が最速86分です。

　川越〜横浜間の鉄道ルートは、東上・副都心線〜渋谷乗り換え〜東横線（830円、80〜90分台）のほか、東上線〜池袋乗り換え〜JR湘南新宿ライン（1,070円、70〜80分台）などがあり、運賃は副都心線経由、所要時間はJR線経由がやや優位です。しかし、東上・副都心線と東横線の直通化が実現すれば、所要時間はほぼ同じになり、運賃が安く乗り換えもない東上・副都心・東横線のルートが優位に立ちます。通勤ルートの多様化はもちろん、埼玉県西部からの「ハマ」観光、あるいは横浜からの「小江戸」観光でも使いやすいルートといえるでしょう。

　ちなみに、西武鉄道も池袋線の列車が西武有楽町線〜副都心線を介して東横線に乗り入れることになっており、小竹向原〜元町・中華街間では東武、西武、東京メトロ、東急、横浜高速の5社が保有する車両が「共演」することになります。多種多彩な車両を見ることができるようになるのも、副都心線〜東横線直通化の魅力といえます。

> **まめ蔵　相互直通運転**……列車が別会社の路線に乗り入れる場合、原則として乗り入れ先の会社が車両使用料を支払う必要があります。そこで各社の車両が相互に乗り入れて使用料を相殺しています。

3章

東武鉄道の
駅のひみつ

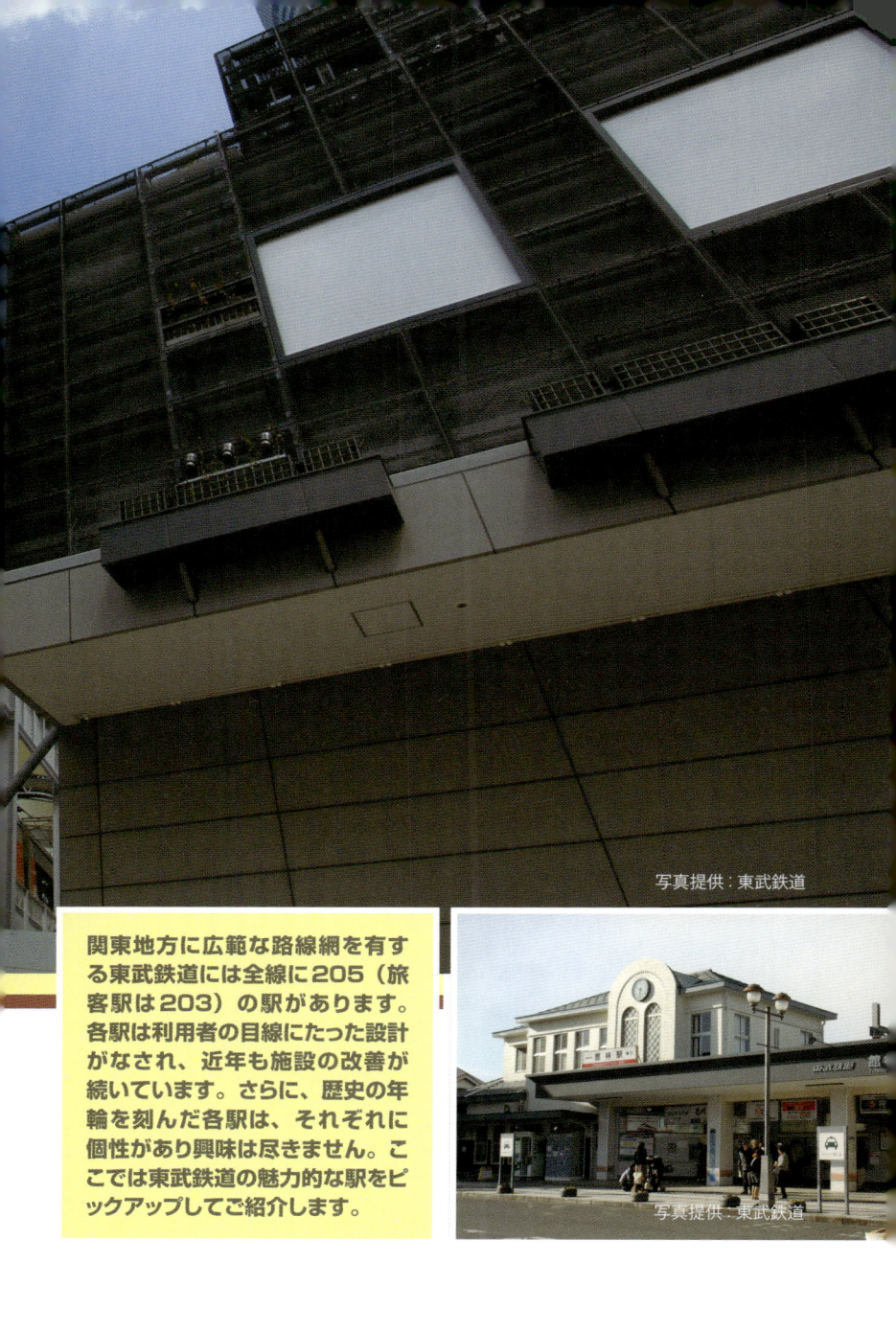

写真提供：東武鉄道

関東地方に広範な路線網を有する東武鉄道には全線に205（旅客駅は203）の駅があります。各駅は利用者の目線にたった設計がなされ、近年も施設の改善が続いています。さらに、歴史の年輪を刻んだ各駅は、それぞれに個性があり興味は尽きません。ここでは東武鉄道の魅力的な駅をピックアップしてご紹介します。

写真提供：東武鉄道

駅の入り口からホームまで一直線
浅草駅

隅田川を渡ると、ほぼ直角にカーブして浅草駅に到着します。ビル2階に発着する駅のスタイルは開業時から変わりません。東京スカイツリータウン®の開業時には駅外観が開業時の姿に戻されました。

昭和初期のターミナル様式が現存

　東武鉄道の浅草駅は、台東区の花川戸1丁目にある東武鉄道の顔となる駅です。この場所は雷門から浅草寺へ向かう仲見世と隅田川との間にあり、商業施設「EKIMISE（エキミセ）」のある浅草駅ビルの2階に東武の電車が発着しています。街中のビルの2階などに鉄道駅があるスタイルは鉄道の発展期に良く見られたものですが、オリジナルのまま残っているのは現代では極めて少ない例となっています。

　建物は**アール・デコ**の風格あるもので、1931（昭和6）年に完成しましたが、時代の変化に伴って1974（昭和49）年にアルミ製のルーバーが取り付けられました。2012（平成24）年の東京スカイツリータウン®開業に合わせてリニューアル工事が実施され、屋上部分にあったかつての大時計も復活し、昔ながらの懐かしい姿が蘇りました。

床面には方面別の案内表示があり、初めて訪れた乗客にも好評だ

優等列車のホームには、車両のイラストの表示板もある

東京東部の拠点・浅草の表玄関
昭和初期のアール・デコ建築も魅力！

1931年に竣工した東武浅草駅。豪壮でオシャレなアール・デコ様式の駅舎はターミナルに相応しい風格を持つ　写真提供：東武鉄道

東京随一の繁華街・浅草の表玄関として発展

　駅正面入り口を入ると切符売り場があり、1階から目の前の広い階段を上ると、そのまま一直線に改札口、ホームへと進むことができます。日本の都市部では、複雑な形態の出発駅が多くなりましたが、その中にあって極めてシンプルでわかりやすい構造が特徴的です。ホームは3面4線で1・2番線が東武スカイツリーライン＝伊勢崎線、3・4番線が特急用、5番線が日光線直通列車用となっています。また1番線のみ8両編成が可能となっていますが、日光方2両は締め切りです。ほかのホームは6両編成用のため、10両編成の列車は北千住駅で4両を切り放して、浅草まで運行されています。

　同駅は1927（昭和2）年の東京地下鉄道（現・東京メトロ銀座線）浅草駅開業の4年後の1931（昭和6）年に浅草雷門駅として開業。関東では初となる本格的なターミナルビルとして誕生し、当時は東京の新名所ともいうべき画期的な駅ビルでした。1945（昭和20）年には浅草駅に改称されました。

> **まめ蔵**　**アール・デコ**……1920年代から1930年代にかけて、ヨーロッパやアメリカを中心に流行した芸術様式で、様々なジャンルにわたります。建築物ではニューヨークのエンパイアステートビルが有名です。

東京スカイツリータウン®開業にあわせて改称されたとうきょうスカイツリー駅

とうきょうスカイツリー駅となった旧・業平橋駅は、昔から東武鉄道の本社がある主要駅でした。東京スカイツリータウン®開業に合わせリニューアルされています。

東京スカイツリータウン®開業に合わせてリニューアルされたとうきょうスカイツリー駅

東京スカイツリータウン®の最寄り駅として日々多くの利用がある(押上方面より撮影)

東京スカイツリータウン®の最寄り駅としてリニューアル

　2012(平成24)年3月17日、とうきょうスカイツリー駅として改称された旧・業平橋駅。かつてあった貨物ヤードの位置に東京スカイツリータウン®が開業し、その最寄り駅となりました。ホームは1面2線で従来通りですが、全面リニューアルされて新駅のようになっています。出入り口は2つあり、浅草方が正面改札口で、曳舟方に東改札口があります。新しい駅だけに照明は全てLED化されて省エネ化が図られています。

　この駅には、特急が6時台のりょうもう号に始まる上り全て、下りの一部が停車しますが、快速と区間快速は通過します。一般列車は日中でおおむね毎時、区間準急と各停が各3本停車しています。当駅があるのは墨田区押上1丁目で、同じ1丁目に押上(スカイツリー前)駅もあります。

隅田川左岸のターミナルとして機能
現在は東京スカイツリータウンの最寄り駅

コンコースに設置されている澄川喜一氏のパブリックアート「TO THE SKY」。東武ではうるおいある駅空間の演出に力を入れている

とうきょうスカイツリー駅には留置線がある

ひとつは東京メトロと東武の駅、もうひとつは京成と都営地下鉄の駅です。前者は東急、後者は京急ほかも乗り入れ、鉄道が多数乗り入れる地域として、鉄道ファンに人気のエリアです。

10両編成対応のターミナルとして機能

旧・業平橋駅は1902（明治35）年に吾妻橋駅として開業しました。これは、最初に開業した北千住〜久喜間が延長されたときのものです。1904（明治37）年に亀戸線が開業したのに伴い、1908（明治41）年の貨物営業の再開まで、吾妻橋駅は一時的に廃止されます。1910（明治43）年に浅草駅と改称して旅客営業も始まり、1931（昭和6）年に現在の浅草駅が浅草雷門駅として開業、そのときに当駅は業平橋駅となりました。

1990（平成2）年には、貨物ヤードに10両編成が停車できる終端式ホーム3〜5番線が完成し、この通路は廃止されました。10両編成用ホームは2003（平成15）年の東武・**営団半蔵門線**駅完成まで使用されました。そのため、かつての東武伊勢崎線には、朝夕の時間帯に業平橋発着の列車が多数ありました。とうきょうスカイツリー駅への駅名改称は東武鉄道では1987（昭和62）年の東向島（旧・玉ノ井）以来のことです。「旧業平橋」と表記された駅名板に歴史が感じられます。

> **まめ蔵　営団半蔵門線**……現在の東京メトロ、つまり東京地下鉄は2004（平成16）年以前は帝都高速度交通営団で、営団（地下鉄）と呼ばれていました。半蔵門線は渋谷〜押上間を結ぶ路線で、1978（昭和53）年に部分開業しました。

荒川に臨む素朴な木造駅舎
堀切駅

鐘ヶ淵駅から荒川に沿って、東武電車の北千住方向に向かうと、かつてテレビのドラマによく登場した堀切駅が現れます。昭和の雰囲気を色濃く残す木造駅舎は、今も健在です。

熱血教師の学園ドラマで一躍有名に

　荒川河畔の小さな駅が堀切駅。TVドラマに何度も登場したことで、多くの人に知られており、その素朴なたたずまいは東京の駅とは思えない風情を漂わせています。下り列車は手前の鐘ヶ淵駅を出て荒川とその土手を右手（東側）に見ながら進むと、首都高速6号向島線を越えてすぐ水路を通ります。近くにある水門は墨田水門と呼ばれています。

　この水路は隅田川と荒川を結んでおり、堀切駅の南側に位置します。木造の小さな駅舎は、この浅草方にポツンとあり、ドラマの多くのシーンに登場しました。中学校が舞台の学園ドラマではまだ自動改札になっておらず、**切符に鋏**を入れる懐かしい姿を見ることができます。ホームは2面2線、この改札口はホームに直結していて、上下線ホームは独立しており別々の改札となっています。1番線下りが西改札口、2番線上りが東改札口で、上りの乗車客は手前の歩道橋を渡って東改札に向かうという、昔ながらのスタイルがそのまま続いています。

素朴な木造駅舎が魅力的な堀切駅　写真提供：東武鉄道

堀切駅が登場する学園ドラマには駅近くの荒川の土手が頻繁に登場。今もロケ地巡りで散策するファンは多い

23区内に残る素朴な雰囲気の木造駅舎
テレビドラマにも多数登場！

荒川に隣接する堀切駅。荒川土手散策の拠点駅である

　1902（明治35）年の堀切駅開業当時は、現在の荒川の中ほどの位置にあり、堀切菖蒲園の近くにありました。1910（明治43）年、関東地方を襲った豪雨により多くの河川の堤防が決壊し、これをきっかけに荒川のバイパス（放水路）が建設され、1924（大正13）年に鐘ヶ淵～牛田間と北千住～西新井間の線路が移設されました。このとき当駅は現在地で再開業しています。

駅の周辺には江戸情緒漂う街区が広がる

　駅の所在地は足立区千住曙町、ホームは西方向にカーブを描いていて、駅の日光方に京成本線が通り、この下をクロスするとすぐ隣の牛田駅に到着します。ちなみに牛田駅の南側には京成関屋駅があります。
　堀切駅は花菖蒲が美しい堀切菖蒲園への花見客の便を図って開業しました。荒川の対岸にある堀切菖蒲園は江戸百景にも描かれた名所で、現在は江戸菖蒲が鑑賞できる葛飾区の公園となっています。堀切の地名は鎌倉時代に御城蔵人正房の住居に堀を巡らせたことに始まり、昭和に入ってから葛飾区堀切町となりました。列車運行は日中に区間準急と普通がほぼ交互に停車し、1時間あたりおよそ6本が運転されています。

> **まめ蔵　切符に鋏**……自動改札にカードが常識となった現代。かつては改札口の駅員が切符を改札鋏で切って、駅によって形が異なる鋏こん（鋏の穴の形）を入れ、再び切符をお客に返していました。

3章　東武鉄道の駅のひみつ

上下ホームの分離により混雑が大幅に緩和された北千住駅

江戸の昔から交通の要衝だった千住界隈。多くの鉄道が乗り入れる東武鉄道の北千住駅は、3階建てとなり大きく変化しました。

現在の三層式駅舎に改装中の北千住駅　写真提供：東武博物館

宿場町の風情が残るオールドタウンの拠点駅

　北千住駅がある千住は日光街道の宿場町で、第一宿「千住宿」として栄えました。また、千住は水戸街道の始まる場所でもあり、日本橋が起点の奥州街道も、千住を通って陸奥白川へと向かう交通の要衝です。荒川と隅田川に挟まれたこの地域は、現代も鉄道駅の北千住駅が交通の一大ジャンクションを形成しています。東武鉄道東武スカイツリーライン（伊勢崎線）のほか、東京メトロ・日比谷線（東武と相互乗り入れ）・千代田線（**常磐線**普通と乗り入れ）、JR東日本・常磐線（快速／中距離電車）、首都圏都市鉄道つくばエクスプレスの駅となっており、乗り入れ車としてほかの私鉄車両も走っています。

東武鉄道の輸送の拠点駅
首都圏屈指のターミナルに成長

3階部分にある普通電車用ホーム。日比谷線と乗り入れる電車が発着する

コンコースには多くのショップが軒を連ねており、首都圏有数の駅ナカ施設になっている

3層化により混雑緩和を実現

　東武鉄道の駅は、1996（平成8）年までは1階にある2面4線のホームで、ホーム上での伊勢崎線と日比谷線との乗り換えでは、ラッシュ時の混雑がひどい状況で、3階建てとなる工事を行い、混雑緩和がなされました。
　1階部分は4線あり、東武スカイツリーライン（伊勢崎線）用です。1・2番線が下り、3・4番線は上りで、東武スカイツリーラインと半蔵門線・東急田園都市線方面用。また1番線の日光方に延長された部分が東武日光・鬼怒川方面などの特急専用として使用されており、中間改札と特急券の券売所があります。3階は島式2面3線のホームを持ち、日比谷線関連の列車が使用しています。5番線は日比谷線からの直通で、東武スカイツリーラインの下り線が使用し、6・7番線が日比谷線中目黒方面行きとなっています。6番線は基本的に当駅始発列車用です。
　東武の北千住駅は1899（明治32）年に東武鉄道が初めての路線として当駅から久喜までを開業したときの始発駅でした。ちなみに北千住駅ができたのはその3年前で、後の常磐線となる日本鉄道の駅として開業しています。1997（平成9）年に大工事が完成して現在のスタイルとなりました。

> **まめ蔵　常磐線**……常磐線の普通（各停）電車は取手〜綾瀬〜北千住を通り東京メトロ千代田線との乗り入れ。快速は上野〜取手間、中距離電車（普通・特快）は上野〜取手以北を運転しています。

伊勢崎線と日光線が分岐する交通の要衝　東武動物公園駅

東武動物公園の開業に伴ってかつての杉戸駅は東武動物公園駅となりました。中目黒行きの地下鉄日比谷線電車を中心に、始発駅としても機能しています。

拠点駅である東武動物公園駅にはホームの西側に留置線がある。トレインウォッチにおすすめのポイントだ

動物園開業で駅名も改称

　東武動物公園駅は1981（昭和56）年3月に東武動物公園が開業したのに伴って改称された駅名で、それまでは杉戸駅として営業されていました。

　東武動物公園はハイブリッド・レジャーランドとして100種以上もの動物がいる動物園だけではなく、遊園地、プール、乗馬クラブがあり、イベントも多く開催されるレジャー施設で、東武動物公園駅までの東武線往復乗車券と入園券がセットされたお得な切符も発売されています。場所は駅西口から600mほどの位置にあり、シャトルバスも運行されています。

絶え間なく列車が行き交うターミナル
始発列車も多数設定される運行拠点駅

コンコースには地元杉戸町と宮代町の特産品展示コーナーがある。こんなところにも地域とともに歩む東武鉄道らしさが感じられる

縦型の駅名標。背後には保線車両用の留置線が見える

拠点駅として機能

　東武動物公園駅には当駅が起点となる日光線と、伊勢崎線が乗り入れており、伊勢崎線は浅草・押上方が愛称である東武スカイツリーラインとして区別されています。

　日光線は伊勢崎線から右側（北側）に分岐する形で当駅の東口側を流れる大落古利根川を渡って日光方面へと向かいます。ホームは島式2面4線になっており2・3番線が東武スカイツリーライン、日光線が4番線（一部5番線）、伊勢崎線が5番線（一部4番線）となっています。1番線は駅舎改良工事の際に廃止され、2番線からのホーム番号がそのまま残っています。当駅の西口側には旧杉戸機関区・**東武鉄道杉戸工場**の広い跡地が残っており、これをまたぐ形で長い跨線橋が設置されています。

　杉戸工場は機関車や貨車のメンテナンスを主に行っていた工場で、2004（平成16）年に廃止されています。当駅の開業は1899（明治32）年で、1929（昭和4）年4月に日光線が当駅から新鹿沼駅まで開業し、順次工事が進んで10月に東武日光駅まで全線開通しています。東武動物公園駅改称の1981（昭和56）年に地下鉄日比谷線直通列車が当駅まで延長運転されるようになりました。2003（平成15）年には地下鉄半蔵門線・東急田園都市線の直通列車も乗り入れが始まり、この地域の拠点駅となっています。

> **まめ蔵　東武鉄道杉戸工場**……1945（昭和20）年に機関車や貨車の修理工場として稼働。後に電車も受け持つようになりましたが、2004（平成16）年に南栗橋工場が完成し、閉鎖となりました。

第3章　東武鉄道の駅のひみつ

東武とJRをつなぐ連絡線を設置
栗橋駅

新宿～東武日光・鬼怒川間を結ぶ東武特急「スペーシア日光・きぬがわ」やJR特急「日光・きぬがわ」。この列車のかけはしが栗橋駅です。両線間には単線の連絡線がつながっています。

東北本線との交差駅として発展

　東武鉄道とJR東日本が接続する栗橋駅は埼玉県久喜市にあります。栗橋町は人口約2万7千人の町でしたが、2010（平成22）年に久喜市に編入されました。江戸時代から宿場町として繁栄、日光街道と利根川が交わる交通の要衝として栗橋宿は知られていました。

　利根川は当駅の新古河方を流れており、駅の東に権現堂川があります。栗橋駅でクロスするように鉄道各線が走っています。東武日光線は南東から北西方向に向かい、JRの東北本線（宇都宮線）は南西から北東方向に向かって当駅で交差しています。東武線の当駅が開業したのは1929（昭和4）年のことです。

郊外駅の雰囲気が色濃い栗橋駅　写真提供：河野孝司

84

直直セクションを間近に眺める拠点駅
朝夕は乗り換え客で賑わう

左側が東武の、右側がJRの栗橋駅。中央部の線路が東武とJRをつなぐ渡り線。写真提供：河野孝司

直直セクションを通過する特急列車

　東武鉄道の駅は1面2線で、JRは2面3線となっていますが、この間に東武線とJR線との連絡線があります。これは2006（平成18）年3月から、JR新宿駅と東武日光・鬼怒川温泉間で特急列車の相互乗り入れが開始されるのに伴って設置されたものです。栗橋駅は線路は平行していますが東武とJRのホーム位置がずれています。乗降客の連絡通路は東武が南栗橋方、JRが古河方となっており橋上でつながっています。連絡線はこの下、両線ホーム間を通っています。

　JR側から見るとJRの3番線東鷲宮方で分岐して、東武の1番線新古河方に接続する単線構造となっています。特急列車は栗橋駅では乗客の乗り降りはせず、ホームも設置されていません。しかし、双方の運転士と車掌を交代するために運転停車が行われます。この乗務員用にミニホームのようなデッキが設けられています。JR線も東武と同じ直流1500V電化区間で、ここはいわゆる**直直セクション**となっています。双方の電源に影響がないように、無電圧区間であるデッドセクションが設けられています。

　なお、東武とJRの接続区間はここだけとなっています。特急列車は「スペーシア日光・きぬがわ」が東武100系を使用、JRは「日光・きぬがわ」に253系1000番台を用いています。

> **まめ蔵**　**直直セクション**……同じ直流電化で、異なる鉄道同士の接続部を指します。両線の接続線上には、電気を流さない区間であるデッドセクションが設置されています。

3章　東武鉄道の駅のひみつ

洋館風の駅舎が印象的な館林駅

館林駅は葛生からの佐野線と、西小泉への小泉線の始発駅となっており、伊勢崎線の複線区間の最終駅です。素敵な駅舎が立つ館林は城下町として栄えてきた歴史ある街です。

北関東屈指の名駅舎を擁する館林駅

小泉線と佐野線の発着線はホームの先端を切り取った形の「切欠ホーム」となっている

瀟洒な洋館風駅舎が健在

　東武佐野線と小泉線の始発駅でもある伊勢崎線の館林駅は、群馬県の南東部にあります。当駅は1907（明治40）年に川俣（当時は羽生～川俣間の利根川南岸にあった）から現在の足利市である足利町までが開通した際に開業しました。洋館風の駅舎は1937（昭和12）年に改築されたもので、1998（平成10）年に関東の駅100選に「しゃれた模様の窓がある洋館風の駅舎で、小規模ながら歴史を感じさせる駅」という選定理由で選ばれました。後に駅構内が大改修されて橋上駅舎が完成、東西間の自由通路もできたことからだいぶ様変わりしています。

　ホームは島式で2面5線。駅ロータリーと洋館風駅舎は東口改札。橋上の2階が西口改札で自由通路とつながっています。伊勢崎線は北千住～北越谷間の複々線区間を除く浅草から当駅までが複線です。この先、館林～伊勢崎間39.9kmが単線で、佐野線、小泉線は共に単線です。

　1914（大正3）年、東武佐野線が運行を始め、1917（大正6）年には中原鉄道が運行を始めます。これは後に上州鉄道と名称変更し、東武鉄道

日本屈指のツツジの名所の表玄関
昭和レトロを感じさせる木造駅舎も健在

駅前には館林の昔話「分福茶釜」のモニュメントが立つ。駅近くの分福球場は草創期の読売ジャイアンツがキャンプを行ったことで知られている

館林駅では優等列車から普通電車への乗り換え客も多い。写真は伊勢崎線の普通電車

に買収され東武小泉線となります。そして1926（大正15）年に川俣～当駅間の複線化が完成しました。

一方、1927（昭和2）年4月に久喜～館林駅、10月に館林駅～伊勢崎間の電化が完了し、これで伊勢崎線全線電化が完成しました。1969（昭和44）年に1800系による急行「りょうもう」が運転開始され、浅草～館林間を約1時間で結んでいます（現在は200系）。2009（平成21）年に橋上駅舎ができ、現在の姿が完成しました。この駅がユニークなのは、佐野線と小泉線のホームが切欠ホームとなっている点です。切欠ホームはホームの先端部に設置され、限られたスペースを有効に利用する設置方法でJRの駅でよく見られるタイプです。駅構内には乗客のスムーズな乗り換えを可能とするため各種の案内表示が充実しています。

駅周辺は歴史巡りが楽しいエリア

さて、この地域は古い歴史を持っており、少なくとも、約2万年前の旧石器時代から人が住んでいたことがわかっています。60基以上の古墳があったといわれ、この地域は林が生い茂っていたことから舘野ケ原と呼ばれ、16世紀には舘林に城が築城されました。19世紀には「舘」が現在の「館」に改められ、約400年にわたって城下町として栄えてきました。5代将軍徳川綱吉が城主だった時期もあり、歴史的な重みを感じます。**分福茶釜**ゆかりの寺として知られる曹洞宗茂林寺もあり文化的にも重要な地域です。

> **まめ蔵　分福茶釜**……「ぶんぶくちゃがま」は1426（応永33）年に大林正通禅師が開山した曹洞宗寺院・茂林寺に伝わる民話です。巌谷小波の童話「分福茶釜」で一躍有名になりました。

3章　東武鉄道の駅のひみつ

各線区に残る木造駅舎
木崎駅・境町駅・静和駅・佐野市駅

昔ながらの木造駅舎が美しく、構内踏切も残る木崎駅と懐かしさがこみ上げる境町駅。伊勢崎線にはまだ木造駅舎が見受けられますが、残された時間はあまりないかもしれません。

開業当時の駅舎が現存する木崎駅

　群馬県太田市にある伊勢崎線の木崎駅は**木造駅舎**が有名な駅で、開業当初からの優雅なたたずまいをそのまま見せてくれます。そして伊勢崎方面へ2つ先の、境町駅にも木造駅舎が残っています。どちらの駅も開業は1910（明治43）年のことです。

　木崎駅の駅舎は下りホームの1番線側にあり、ホームは相対式の2面2線で、上下線間は伊勢崎方にある構内踏切で結んでいます。浅草起点でキロ程が101.2kmの当駅は、2011（平成23）年の乗降客が2,447人（1日あたり）。特急「りょうもう」は上下とも1日1本が停車。木崎駅周辺

重厚感たっぷりの木崎駅舎（伊勢崎線木崎駅）

はすっかり宅地化が進んでいますが、駅北側はサッポロビール群馬工場があり、かつては貨物列車も発着していました。

　木崎の地名由来の一つは后(きさき)と呼ばれる高貴な人が移ってきて住んだことから、この土地を「きさき」というようになって、後に木崎という漢字があてられたという説。もう一つは、原野にあった貴先神社から地名をもらって貴先と名づけようとしましたが、そのままでは恐れ多いので木崎としたという説などです。

　この木崎駅がある尾島地域は「徳川発祥の地」であり、数多くの史跡があります。また、毎年8月には尾島ねぶたまつりが開催されます。

旧国境にある境町の木造駅舎

　境町駅の駅舎は南側にあります。ホームは相対式2面2線で上下線がずれており、それぞれが跨線橋で結ばれています。北側にはロータリーがあって南北は自由通路でつながっています。キロ程は106.3kmで乗降人員は2011(平成23)年で1,610人。この駅も上下線各1本の「りょうもう号」が停車します。境町の歴史も古く、室町時代から戦国時代にかけて、上野国那波郡と新田郡の境目だったことから境という地名になったようです。

鉄道遺産として人気急上昇の木造駅舎
風雨に耐え抜き今なお現役の名駅舎たち

こちらも開業当時の駅舎が残る静和駅。
北関東有数の名駅舎の一つだ

佐野線の佐野市駅も古風な木造駅舎が現存。
ホームの上屋やトイレの造作も実に趣深い

まめ蔵　**木造駅舎**……かつて鉄道駅は木造駅ばかりでしたが、老巧化や橋上駅舎化、高架化などにより、木造駅舎は減少しています。ここ最近でも新伊勢崎駅駅舎が立体交差化工事で、解体されました。

世界遺産「日光の社寺」の表玄関 東武日光駅

かつて東武日光駅と隣接するJR日光駅との間で、観光客争奪戦が繰り広げられました。現在は東武鉄道の特急がJR新宿駅へ、JR特急が当駅へと乗り入れ、乗客のニーズに応えています。

三角屋根がシンボルの東武日光駅。ライトアップされる夜の姿もまた美しい　写真提供：大野雅人

関東の駅100選に選定された名駅舎

　日光観光の拠点となっている東武日光駅。1979（昭和54）年に改築されたアルペン風の三角屋根が有名で、2000（平成12）年には**関東の駅100選**に選ばれています。

　ホームは終端式で3面5線があり、1・2・4番線が快速・区間快速・普通列車用。4・5・6番線が特急用となっています。1・2番線と4・5・6番線間は終端に進むのに伴って間が開いていき、その間が中庭となっており、駅を上空から俯瞰すると三角形になっています。中庭には海抜538mの案内板があります。

　開業は1929（昭和4）年10月で「東武日光」の駅名は一般乗客からのアンケートにより決定したものです。当駅の南東側にあるJR日光駅も関東の駅100選に選ばれた明治時代の木造建築で、開業は1890（明治23）

世界遺産・日光の表玄関
三角屋根の山小屋風駅舎は観光客にも人気

駅の中庭にある案内板

駅のエントランス部には大きな吹き抜けがある　写真提供：河野孝司

年ですが、かつてこの国鉄との間で旅客争奪戦が繰り広げられました。東武日光駅の開業により東京からのアクセスが便利になり、戦後の特急復活後は観光客がさらに増えました。

国際観光地・日光の表玄関

　日光の地名は、日光の山は熊笹が生い茂り、熊笹のアイヌ読み「フトラ」は「フタラ」と発音し、「フタラ」の漢字表記「二荒」を音読みした「ニコウ」が「日光」と転訛したとされています。

　1999（平成11）年に東照宮、日光輪王寺、日光二荒山神社からなる日光二社一寺の建造物とその境内が、「日光の社寺」として世界遺産に登録されたことで世界的に知名度が上がり、日光への観光客が増加しています。

　日光二社一寺の観光に便利な「世界遺産めぐり循環バス」をはじめ、華厳の滝や中禅寺湖、竜頭ノ滝、戦場ヶ原などの奥日光や、初夏にはニッコウキスゲが見事な霧降高原への路線バスも駅前から発着します。

> **まめ蔵**　関東の駅100選……1997（平成9）年から4年間で、関東地方で特徴がある100駅が公募で選定されました。これは鉄道の日にちなんで行われた行事でした。

日本有数の温泉エリアの玄関駅
鬼怒川温泉駅

日光と並ぶ東武鉄道の観光拠点駅である鬼怒川温泉駅。さらにこの奥へと続く温泉エリアの始まりでもある当駅は、「特急スペーシア」のほとんどが始発・終着となっています。

日本有数の温泉エリアの玄関駅

　日光市にある鬼怒川温泉。駅前から鬼怒川温泉街が広がっています。また、鬼怒川温泉は地域の観光の拠点となっており、川治温泉をはじめとする有名温泉地の表玄関としても知られています。周辺には美しい渓谷があり、紅葉のシーズンにはとくに多くの観光客が集まります。駅舎には観光案内所が入り各種の観光情報をアナウンスしています。鬼怒川温泉駅からは世界の有名建築物を25分の1の縮尺で精巧に再現した**東武ワールドスクウェア**や、江戸時代の情緒がたっぷりの歴史パーク・日光江戸村へのバスも発着し、一大観光拠点となっています。鬼怒川の地名は、鬼が怒ったように荒々しく流れる川の風景から名づけられたといわれています。

駅前には足湯が設けられ、観光客に人気を集めている　写真提供：河野孝司

特急が発着する鬼怒川温泉駅は地域観光の拠点。駅舎内には観光案内所がある　写真提供：河野孝司

北方向からも多彩な車両が乗り入れ

　東武鬼怒川線は日光線の下今市～新藤原間を結ぶ路線で、鬼怒川温泉駅は終点の新藤原駅の手前3.8kmの位置にあります。途中駅ながら、特急「きぬ」や「スペーシアきぬがわ」、また会津方面からの「AIZUマウントエクスプレス」「AIZU尾瀬エクスプレス」は当駅発着（一部は東武日光駅発着あり）となっています。

　島式ホーム2面4線の駅で、新藤原方にホーム間の連絡跨線橋があり、駅舎は終端式になっている1番線に面した西側にあります。2・3番線は会津方面に向かう野岩鉄道会津鬼怒川線と会津鉄道会津線への直通列車も発着します。

　当駅は1919（大正8）年、下野軌道の下滝駅として開業しました。当時の鬼怒川温泉は下滝温泉と呼ばれ、数軒の温泉宿がある湯治場でした。

　下滝駅は1922（大正11）年に大滝駅と改称され、さらに1927（昭和2）年に鬼怒川温泉駅に改称されました。この「鬼怒川温泉」への改称により、鬼怒川温泉の名前が定着しました。1964（昭和39）年には下今市寄りに1.2km移転、現在の場所となっています。

温泉、グルメ、ハイキング……
日本有数の観光エリアの中心駅

会津鉄道の「AIZUマウントエクスプレス」も乗り入れる

1番線のみ終端式となっており、折り返し列車が発着する

まめ蔵　**東武ワールドスクウェア**……1993（平成5）年にオープンした施設で、館内の展示物は、すべて25分の1スケールで精巧に再現されています。鉄道車両模型もスペーシアや10000系などが走っています。

構内に貨物営業の名残がある
葛生駅

佐野線の葛生駅にはかつて貨物ヤードがあって、東武鉄道の貨物輸送の一大拠点として活躍していた時期があります。現在はひっそりとした旅客駅となっています。

関東平野の北端部にある葛生駅の駅舎。かつては貨物輸送で賑わっていたが、現在は落ち着いた雰囲気となっている

古代に拓かれた歴史タウン

　栃木県佐野市にある葛生駅は東武佐野線の終着駅です。葛生の地名は万葉集の東歌（あずまうた）にこの地方を歌ったものにちなみます。その歌中には葛が出てくることから、かつてのこの地に葛がたくさん生い茂っていたことが想像できますが、その様子から葛生の地名が生まれたようなのです。駅舎は小さな地方駅といった感じで親しみやすさを感じる雰囲気です。ホームは片面ホームで1面1線のあっさりとしたものですが、横に留置線が2本あります。

　そして、その横にかつて**貨物ヤード**だった広い敷地が広がります。この土地を利用して、2013（平成25）年夏には東武鉄道子会社の東武エネルギーマネジメントが大規模太陽光発電（メガソーラー）事業を開始する計画を持っています。

3章 東武鉄道の駅のひみつ

関東平野の北端部に位置する終着駅
貨物時代の栄華を今に伝えるヤード跡

蒸気機関車時代の葛生駅。ここから貨物専用の会沢線が延びており、当駅も多くの貨車が行き交っていた
写真提供：花上嘉成

かつての広大な貨物ヤードも今は昔

　1889（明治22）年、後に佐野鉄道と名称が変わる安蘇馬車鉄道が葛生から石灰石輸送のための路線を開業し、翌年には越名まで延長されました。同馬車鉄道は輸送力増強のために1894（明治27）年に蒸気機関車による佐野鉄道として開業。現行の葛生はこのときにできた駅です。1912（明治45）年、佐野鉄道を合併して東武鉄道佐野線となりました。石灰石は佐野に近い越名から船で渡良瀬川、利根川を使って東京へと運ばれていました。

　かつての貨物ヤードは一時期には年間200万トンという全国的にも屈指の貨物取扱量を誇り、多くの駅員が在籍していました。このヤードに乗り入れていた貨物線は東武会沢線・東武大叶線・日鉄鉱業羽鶴線で、石灰石のほか、ガラスやセメントの原材料であるドロマイトなどを運んでいました。しかし、1986（昭和61）年に当時の国鉄が分割・民営化を前提に、車扱直行貨物列車（荷主である会社が所有する貨車で運行する貨物列車）を廃止しました。そのため、これに合わせて葛生駅の貨物輸送は消滅してしまいます。こうして、葛生駅の貨物ヤードもその役目を終えたのです。

まめ蔵　貨物ヤード……操車場のことをヤードといいます。貨物ヤードは貨車操車場ともいい、集まった貨車を行き先別、出発時間別などに従って分類、編成して、出発まで留置しておく場所です。

スイッチバック構造の駅
柏駅

大宮と船橋を結ぶ野田線。この駅はスイッチバックの構造になっています。運行形態は大宮方面と船橋方面に分かれています。

繁栄する柏市中心部の玄関駅

　千葉県にある東武鉄道野田線の柏駅は、JR東日本常磐線との連絡駅で千葉県内の東武鉄道の駅で最も多い約13万7千人の乗降客が利用しています。駅は柏髙島屋ステーションモールが併設され、2009（平成21）年に駅ナカ店舗が開業し、便利になりました。

　東武野田線は埼玉県の大宮と千葉県の船橋を結ぶ路線ですが、当駅が終端式のため、直通する場合は**スイッチバック**となり列車の向きが変わります。これは元々常磐線から見て西側に大宮〜柏間が野田線、東側に柏〜船橋間が船橋線と別駅となっていたものを1930（昭和5）年に西側にある野田線の駅に統合したためです。勾配区間に設けられたものと異なり、平地部にあるスイッチバックを都市型スイッチバックといいます。

スイッチバックのため、全列車が当駅から反対方向に折り返す　写真提供：河野孝司

柏の地名の由来は、駅の東方向にある手賀沼の岸辺が江戸時代にこの地域の中心地として栄えており、このあたりは河岸場＝かしばと呼ばれていましたが、これが「かしわ」となって、漢字の柏があてられたのが一説として伝えられています。

柏市はベッドタウンとして、また常磐線沿線に広がる商圏の中心地であり、柏駅は東武鉄道にとって重要な拠点の一つです。そのため、柏駅西口の再開発が行われ、1973（昭和48）年に東武柏駅ビルが完成。1992（平成4）年には柏ステーションビルがオープンし、東武の柏駅もコンコースの拡張や南口が開設されています。

魅力的な都市型スイッチバック駅

柏駅のホームは2面4線で、1・2番線が大宮方面、3・4番線が船橋方面となっており、運行は基本的には大宮方面と船橋方面の2系統に分かれています。両系統にまたがる列車も一部あり、これらの当駅始発ではない列車は2・3番線を使用しています。全て各駅停車で日中は10分間隔です。柏発で平日の場合、大宮方面はラッシュ時が毎時8〜10本、ほとんどが大宮行きですが、平日では朝晩に七光台行きがあり、朝6〜8時、17時台に運河行き、23時以降に岩槻行き、春日部行き、野田市行きがあります。船橋方面は朝のラッシュ時が毎時7〜9本で、夜中の0時台の2本のみが六実行きとなり、ほかは全て船橋行きとなっています。

40万都市柏市の玄関駅として発展
千葉県北東部の交通網の要石

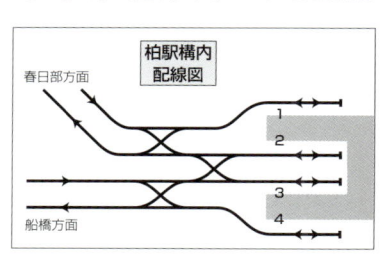

40万都市にふさわしい威容を誇る柏駅　写真提供：東武鉄道

> **まめ蔵　スイッチバック**……通常は険しい勾配を登るために列車の進む方向を変えてジグザグに進むものを指しますが、柏駅は2つの路線の接続点となる駅で折り返すスタイルで直通する形態です。

東武鉄道で最も新しい駅 流山おおたかの森駅

東武野田線の新駅・流山おおたかの森駅は、つくばエクスプレスとの連絡駅で、都心アクセスのジャンクション駅として注目されています。自然環境も良く、駅名がそれを示しています。

つくばエクスプレスとの接続駅として開業。以来駅周辺は飛躍的に開発が進んでいる。写真は開業当日の様子　写真提供：東武鉄道

TXとの接続駅として開業

　東武鉄道野田線の新駅として2005（平成17）年に設置されたのが流山おおたかの森駅です。**首都圏新都市鉄道**つくばエクスプレス（通称TX）との接続駅として、豊四季駅と初石駅の間に設置されました。

　両駅との距離はそれぞれ1.3kmと1.6kmです。東側から北側方向へ走る東武野田線に対し、つくばエクスプレスは北東から南西方向に抜けており、当線をほぼ直角でオーバークロスしています。つくばエクスプレスで都心に向かうと、秋葉原まで普通でもわずか30分で着き、当駅が快速・区間快速・通勤快速の停車駅でもあることから、野田線の沿線住民にとっても大きな変化をもたらしました。乗客の動線にも細かな配慮がなされ、乗り換えもスムーズにできます。この駅の開業により野田線の利便性は大きく向上したのです。

駅前には巨大ショッピングセンター！
駅周辺は開発が進んでいる

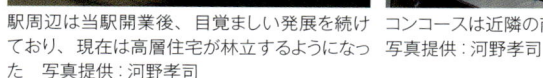

駅周辺は当駅開業後、目覚ましい発展を続けており、現在は高層住宅が林立するようになった　写真提供：河野孝司

コンコースは近隣の商業施設と直結している　写真提供：河野孝司

　当線のホームは2面2線で1番線が大宮方面、2番線が柏方面となっており、改札口は2階にあります。2階改札口横にはベーカリーカフェが入っています。流山おおたかの森という駅名は、市野谷の森に生息する絶滅危惧種であるオオタカにちなんだものです。市野谷は、流山市の中部にあたる場所です。

高層住宅が林立する駅周辺

　当駅周辺は都市再生機構が「流山都市計画事業新市街地地区一体型特定土地区画整理事業」として開発を開始し、新駅の誘致が行われました。明治のころ、この地は葛飾県の市野谷村で、後に千葉県となります。昭和に入って戦後、東葛飾郡江戸川町大字市野谷となり、流山町への名称変更を経て流山市大字市野谷となりました。自然がとても豊かな土地で、開発が進みつつもかろうじて森が残り、オオタカ（＝大鷹）の生息が確認されています。

　オオタカは日本で最もポピュラーな鷹で、全長が50〜60cm程度、翼を広げると1m以上となる猛禽類です。駅名から興味を持つ観光客もおり、都心アクセスの乗換駅としても注目され、野田線沿線の住宅事情も変わってきました。

> **まめ蔵**　**首都圏新都市鉄道**……つくばエクスプレスを運営することで広く知られているこの鉄道会社は第三セクター方式で、1991（平成3）年に設立。2005（平成17）年開業のつくばエクスプレスの営業は順調です。

3章　東武鉄道の駅のひみつ

百貨店を併設した西の拠点
池袋駅

東武東上本線の駅上に東武百貨店があり、利用客には利便性が高い池袋駅。リニューアルにより、さらに便利な駅になりました。

風格あふれる西のターミナル

　乗降客数が東武一である東武の池袋駅。池袋には東武東上本線をはじめ、8つの路線が乗り入れています。地上ではJR山手線ホームの西側に東上本線ホームが並び、その上が東武百貨店です。ちなみに東側が西武鉄道池袋線で、その上が西武百貨店。会社名と実際の東西が逆になっているのが面白い点です。

　改札口は終端式の先にある南口が地上1階で、地下に中央1、中央2、北口が設置されています。2007（平成19）年度から2009（平成21）年度にかけて、「便利でわかりやすく、人にやさしい駅」をコンセプトにリニューアルされ、改札口ごとにゾーンカラー（北改札口はグリーンゾーン、

池袋駅は改札口ごとに色分けがなされており、乗客にも好評だ　写真提供：東武鉄道

都の西北の副都心池袋
その発展に大きく寄与する東武鉄道

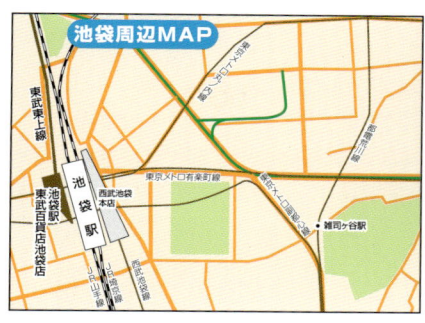

頭端式の池袋駅。車両の正面の写真を撮影するにはうってつけのポイントだ

中央[1・2]改札口はブルーゾーン、南改札口はレッドゾーン)を設けて、色で改札口がわかるようにしたほか、JR乗り換え改札が新しくでき、便利になっています。

また、中央改札口には、ステーションコンシェルジュがおり、鉄道利用や沿線観光などの案内を行っています。さらに、南改札口の女性用トイレにはパウダーコーナーも設けられています。

駅の上に東武百貨店がオープン

ホームは2面3線で1～5番線まであり、1番線は準急用で朝は急行も使用。2番線は急行と快速急行用で深夜帯には準急も使用しています。3番線は降車用ですが普通と準急のごく一部に使用する列車があります。4番線は普通列車用ですが、5番線使用時には降車用となります。5番線は16時までは降車ホームで、その後はTJライナーの乗車ホームとなります。

池袋に駅が初めてできたのは1903（明治36）年のことですが、東上本線の前身である東上鉄道の駅が開業したのは1914（大正3）年のことです。1962（昭和37）年には駅の上に東武百貨店 池袋店が開店します。2008（平成20）年、TJライナーの運転が始まり、5番線がTJライナーの乗車ホームとなりました。

> **まめ蔵** **東西連絡通路**……ここでは、駅の線路を挟んで東西を一般人が自由に行き来できる、いわゆる自由通路と呼ばれるものを指します。切符が必要な構内通路と別に、最近の駅では多く設置されています。

3章 東武鉄道の駅のひみつ

蔵造りの街並みを残す ベッドタウンの拠点　川越駅

明治時代の大火の教訓から、川越商人は耐火建築として土蔵造りを選び、その街並みができあがりました。川越駅は観光客のアクセス拠点であるとともに、都心のベッドタウンの駅としても発展してきました。

終日人波が絶えない川越駅コンコース
写真提供：東武鉄道

駅舎はペデストリアンデッキに直結しており、周辺の商業施設とのアクセスもスムーズ

駅前（西口）からは観光バスも発着する

川越駅の駅ナカ商業施設「EQUIA川越」
写真提供：東武鉄道

"小江戸"川越の表玄関

　"小江戸"として親しまれる江戸情緒たっぷりの城下町、川越。蔵造りの街並みが当時の繁栄を静かに物語っています。一方、駅周辺の発展はめざましいものがあり、古きものと新しきものが混在する魅力ある街並みはとても人気があります。

　交通網の中心にあたる川越駅には東武東上本線とJR東日本川越線が乗り入れ、池袋からは快速急行で26分、急行でも30分で到着します。東武鉄道の西側にJR東日本のホームが並んでおり、1990（平成2）年に橋上駅舎が完成しました。

東武鉄道の輸送の拠点駅
首都圏屈指のターミナルに成長

川越駅周辺観光MAP

東上線とともに発展した川越

　駅構内の自由通路に面して2007(平成19)年に駅ナカ施設「EQUIA(エキア)川越」としてリニューアルオープンし、便利になりました。2008(平成20)年は改札にカウンター式のウォークインタイプが導入され、翌年にかけて様々な工事が実施されました。現在の駅は随所に蔵造りをイメージした飾りが付けられています。例えばホームの壁や自販機には屋根瓦などの造作が取り付けられて、全体が蔵造りの雰囲気を醸し出しているほか、改札口そばに川越市の観光案内所もあり、観光客にはなかなか好評です。

　当駅は1915(大正4)年に川越西町駅として開業。前年に開業した東上鉄道の新河岸駅〜川越町駅(現在の**川越市駅**)間に造られた駅です。この当時は川越町が中心で、当駅の周辺は閑散としていました。1920(大正9)年には東武鉄道の駅に変わり、東上本線川越西町駅となりました。1940(昭和15)年に国鉄川越線川越駅が完成し、東武も同様の川越駅と名称を変更しました。

> **まめ蔵　川越市駅**……川越市駅は川越駅より前の1914(大正3)年の東上鉄道開業時から開業し、1922(大正11)年までは川越町駅でした。

3章　東武鉄道の駅のひみつ

世界最大級のウォーキングイベントの開催地　東松山駅

東松山市のウォーキングイベント、「日本スリーデーマーチ」が毎年11月初旬に開催されます。海外からも参加者が集う同市は、ヨーロッパの町と姉妹提携していることでも知られています。

埼玉県のへそに位置する駅

　東松山市は埼玉県の"へそ"ともいわれ、ちょうど県の中央部あたりに位置する人口約9万人の街です。池袋から急行で約50分で行くことができます。松山という地名は中世以来の当地の郷村名です。ここに松山城が築かれ、宿場町、市街地として栄えました。
　東松山といえば「やきとり」。ただし、鶏肉ではなく豚肉を使用しています。これを辛味噌ダレで食べるのが東松山流です。
　もう一つ、東松山といえば世界有数のウォーキングイベントといわれる「日本スリーデーマーチ」が開催される街として知られています。これは1980（昭和55）年から東松山で行われるようになった歩くイベントで、3日間で3ルート、5kmから50kmまでの5つのコースがあり、自分の体力にあったコースを選ぶことができます。毎年11月に開催され、2012（平

延べ約12万人が参加する巨大イベント「日本スリーデーマーチ」　写真提供：東松山市役所

成24）年の第35回大会は延べ約12万人が参加しています。東上本線では2002（平成14）年まで「スリーデーマーチ号」を臨時列車として運転していました。

東松山駅は武州松山駅として、1923（大正12）年の坂戸町駅から当駅までの延長工事完成で開業しました。ホームは島式2面2線で橋上に改札が設置されています。

駅周辺も近年大変貌

東口周辺が東松山市の中心地域です。もともとの地名は松山ですが、1954（昭和29）年、市に昇格する際に、愛媛県の松山市と区別するため「東」が冠されています。

東口にある「東松山市ステーションビル」は煉瓦を用いた瀟洒な建物で、2009（平成21）年に東松山市がオランダのナイメーヘン市と姉妹提携していることから、オランダ風の建物としたもので、市役所のサービスコーナーもあります。

駅名が東松山となったのは東松山市が誕生した1954（昭和29）年で、1974（昭和49）年に橋上に改札がある今のスタイルが完成しました。

巨大イベント　日本スリーデーマーチの最寄り駅
近年はローカルフード「やきとり」も人気！

東口は東松山市ステーションビルが立ち、駅前広場が整備された　写真提供：河野孝司

東松山市ではローカルフードとして「やきとり」が脚光を浴びている。市内中心部には多くの名店が連なる（写真はイメージ）　写真提供：河野孝司

まめ蔵　**千人同心**……江戸幕府が八王子に設置した甲州口を警備する同心（役人の種類）で、八王子から日光へ勤番のために移動する道が千人同心街道です。街道は日光脇街道などとも呼ばれていました。

4章
東武鉄道の車両のひみつ

写真提供：東武鉄道

東武鉄道は過去には、日光方面に向かう旅客を誘致するために、国鉄の車両と比べて、性能面やサービス面に優れたデラックスロマンスカー1720系を登場させました。また、旧形車の置き換えや旅客増の対応のために712両も製造された8000系は、私鉄では最大の勢力を誇っていました。ここでは、特徴的な東武の車両を新旧織り交ぜて紹介します。

写真提供：RGG

現役車両①
「スペーシア」の愛称を持つ100系は東武鉄道のフラッグシップ

日光・鬼怒川方面への特急列車に運用される100系スペーシアは東武鉄道の看板的な存在で豪華な車内設備が自慢です。外観・内装ともにリニューアルされ、3種各3編成に生まれ変わりました。

東武鉄道を代表する豪華特急

　1960（昭和35）年の登場以来、およそ30年にわたって活躍したデラックスロマンスカー（DRC）1700系・1720系の後継車として、1990（平成2）年にデビューした100系は東武鉄道を代表する特急用車両です。6両編成9本の合計54両が製造され、一般公募によって「スペーシア」の愛称が付けられました。1990（平成2）年にグッドデザイン賞に選定され、1991（平成3）年には鉄道友の会のブルーリボン賞も受賞します。

　車体はアルミニウム合金製で軽量化を図り、交流電動機を使用した**VVVFインバータ制御**を採用、さらに勾配区間に対応するため全電動車編成となっています。

　外観は流線形の美しいボディラインが特徴で、ジャスミンホワイトをベースにパープルルビーレッドとサニーコーラルオレンジのラインが入ったカラーリングでしたが、2011（平成23）年からリニューアルにより外観が、東京スカイツリー®のライティングデザイン「雅」を基調とした江戸紫、「粋」を基調とした淡いブルーのほか、日光・鬼怒川方面の観光列車の象徴である「サニーコーラルオレンジ」の3種各3編成となりました。

流線型の車体が特徴的な100系「スペーシア」　写真提供：大野雅人

高級感あふれる客室空間

　車内はゆとりあるぜいたくな空間を意識したもので、一般席の座席シートピッチは1,100mmと余裕があり、フットレストも備えています。圧巻なのは6号車に6室設けられた4人用の民鉄では初のコンパートメントルーム。大型のシートに天然大理石のテーブルまで備わり、グループやファミリーに人気があります。3号車には販売カウンターも併設されています。

　100系スペーシアは日光線・鬼怒川線系統の特急「きぬ」と「けごん」に運用されますが、2006（平成18）年からはJRとの相互直通運転が始まり、新宿から直通する特急「スペーシア日光」や「スペーシアきぬがわ」にも使われています。

青を基調にまとめられた一般車の室内

塗装が変更されたリニューアル後の「スペーシア」（「雅」基調）　写真提供：東武鉄道

6号車のコンパートメントルーム
写真提供：東武鉄道

> **まめ蔵　VVVFインバータ制御**……VVVFはVariable Voltage Variable Frequencyの頭文字を取ったもので可変電圧可変周波数を意味し、主に三相誘導電動機を使って鉄道車両を走行させるための制御方式のことです。

現役車両②
伊勢崎線の特急の速達化に貢献
直線的なデザインの200系

200系は、DRCの台車と主電動機を流用した200型と完全新製車の250型があります。200型と250型は先代の1800系に比べて大幅に性能が向上し、「りょうもう」のスピードアップに貢献しました。

DRCの機器を流用した200型

　200型と250型はともに伊勢崎線系統の特急「りょうもう」用の車両です。外観は100系スペーシアと同様のジャスミンホワイトを基調に「りょうもう」のシンボルカラーであるローズレッドのラインが入った鮮やかなカラーリングを採用し、傾斜角のついたスピード感あふれる先頭車のデザインが特徴です。

　急行「りょうもう」のグレードアップのために1800系を上回る車両として登場した200型はデラックスロマンスカー（DRC）1700系・1720系の台車や主電動機などを流用した全電動車編成で1990（平成2）年から1998（平成10）年に6両編成9本の合計54両が製造されました。200型は急行用車両でしたが、座席は背もたれを無段階で好きな位置に止めることができるフリーストップタイプのリクライニングシートを基本とし、一部はDRCのシートを流用した編成もあります。1997（平成9）年度の最終増備車は**シングルアーム式パンタグラフ**を搭載するなど外観に差異が見られます。

「りょうもう」のグレードアップのために登場した200型（右）　写真提供：大野雅人

6両編成1本のみの250型は完全新製車

「りょうもう」に残っていた1800系を置き換えるための増備車として完全新製された車両は別形式の250型に区分されました。この250型は6両編成1本のみが在籍しています。車体の形状やカラーリング、車内設備は200型最終増備車と共通ですが、パンタグラフの配置が異なっているほか、VVVFインバータ制御や高速域で起こる蛇行動を防ぐためのヨーダンパ付きのボルスタレス台車など当時の最新技術を盛り込みました。走行性能は200型に合わせて定速運転装置を搭載し、200型との共通運用が可能です。

1998（平成10）年に「りょうもう」は200型と250型に完全に置き換えられ、1999（平成11）年には急行から特急になり、スピードアップを図りました。現在も特急「りょうもう」で活躍しています。

両毛地域のエースとして君臨！
1800系を彷彿とさせる赤帯が魅力的

200系の車内
写真提供：東武鉄道

登場当時はカード式公衆電話が設置されていたが、現在は撤去されている。自動販売機では清涼飲料水を販売している

まめ蔵 **シングルアーム式パンタグラフ**……従来の菱形パンタグラフに対して片側のみの構造としたパンタグラフのこと。ヨーロッパなどで普及しましたが、近年の日本の車両でも採用例が多くなっています。

現役車両③
現在は主に臨時や団体で運用
1800系を改造した300系

200系の登場に伴い運用から外れた1800系を改造して誕生した急行用車両が300系です。6両編成は300型、4両編成は350型に分類されます。現在は一部の特急列車に運用されています。

編成両数の違いで300型と350型に分類

　200系の投入によって「りょうもう」運用から離脱した1800系（6両編成）を改造した車両が300系です。1991（平成3）年に日光線系統の急行用の車両として登場。編成両数の違いによって6両編成を300型、4両編成を350型に分類しました。

　外観では正面のライトケースを角形に変更、正面窓上の補助前照灯をLED化し、屋根上には1800系の冷房装置はそのままに換気装置を増設しています。100系スペーシアの旧塗色（オリジナルカラー）に準じてジャスミンホワイトをベースに正面窓下と側面の窓上にサニーコーラルオレンジ、窓下にはパープルルビーレッドの帯を巻いた日光線優等車色となりました。

　性能面では、日光線の勾配区間に対応するための出力向上や**発電ブレーキと抑速ブレーキ**が追加装備されました。室内はオフホワイトの化粧板に

1800系を改造した6両編成の300型　写真提供：河野孝司

交換されたほか、座席はフットレストを備えたバケットタイプの回転クロスシートで折りたたみ式のテーブルも用意されました。

　6両編成の300型は1817号編成と1818号編成を改良し、旧サハ1840形にモーターを付けて、4M2Tの強力編成となりました。350型は野岩鉄道および会津鉄道への乗り入れと宇都宮線の急行用に1813号編成と1816号編成から4両編成3本を捻出し、そのうちの1本は旧サハ1840形を先頭車に改造しました。

わずか3列車となった定期運用

　300型と350型は当初、100系スペーシアを補完する列車として位置づけられ、座席指定の急行として活躍します。300型は「きりふり」と「ゆのさと」、350型は「しもつけ」と「ゆのさと」および「南会津」に運用されました。現在では運用が減少し、定期運用は特急「きりふり」に300型を使用するほか、特急「しもつけ」1往復を350型が担当しています。

塗色変更で原車のイメージを刷新！
前面も現代的なブラックフェイスに

日光線の臨時特急「きりふり」に充当される300型　写真提供：河野孝司

> **まめ蔵　発電ブレーキと抑速ブレーキ**……発電ブレーキとは主電動機を発電機として作用させ、その発生電力を熱エネルギーに変えてブレーキ力を得る方式のことで、下り勾配を一定の速度で下るための発電ブレーキを抑速ブレーキと呼びます。

4章　東武鉄道の車両のひみつ

現役車両④
団体専用列車などで活躍
1800系最後の1編成

急行「りょうもう」として1969(昭和44)年から1998(平成10)年まで活躍した1800系ですが、その最終増備車(1819号編成)がオリジナル塗色のまま存続し、運用されています。

鮮やかなローズレッドの塗色で登場

1800系は輸送力増強とサービスの向上を図るべく伊勢崎線系統の急行用車両として1969(昭和44)年に登場。鮮やかなローズレッドにオパールホワイトの帯を配した東武鉄道の車両では斬新なカラーリングで注目を集めました。座席指定制の浅草～赤城間の急行「りょうもう」として活躍します。

当初は4両編成6本が新造され、1973(昭和48)年に同じ仕様で2本を増備し、1979(昭和54)年には中間車2両を増結して8本全てが6両編成になりました。

オリジナルの塗色で1編成のみが残る1800系。現在は団体専用車両となっている　写真提供：河野孝司

急行「りょうもう」用車両として登場
豪華な内装で大好評を博す

1800系と8000系（8111号編成　動態保存前）のツーショット
写真提供：大野雅人

　制御装置は8000系と同様の乗り心地を向上させて車輪の空転を防ぐVMC超多段型制御器（バーニア制御器）を採用。ブレーキ方式は電磁直通式で、発電ブレーキは装備していません。1987（昭和62）年に最終増備車の1819号編成が登場。しかし、1991（平成3）年からは後継の200系への置き換えが進められ、1998（平成10）年に「りょうもう」から完全に引退しました。

オリジナルの姿を保つ最終増備車

　「りょうもう」運用離脱後に団体専用列車となった1819号編成は現在もオリジナル塗色であるローズレッドを保持しています。マイナーチェンジ車でもある1819号編成は正面窓がパノラミックウィンドウで新造されたほか、ライトの形状が丸形から角形になり、一体型ライトケースを採用しています。車内設備もグレードアップされ、座席は回転クロスシートですが、バケットタイプになっています。

　1819号編成の定期運用はありませんが、線区を問わず団体列車などに使用されています。また、イベントなどでは臨時列車として運行されることがあり、2011（平成23）年には野田線へ初入線し、**東武ファンフェスタ**会場では撮影用の展示車両として登場しました。

> **まめ蔵　東武ファンフェスタ**……東武鉄道の車両基地および総合メンテナンスセンターである南栗橋車両管区（本区）で2005（平成17）年から開催されているイベント。臨時列車の運行や車両撮影会などが行われています。

現役車両⑤
日光線系統の快速と区間快速を中心に運用　6050系

日光・鬼怒川・南会津への観光客輸送や都市間輸送に活躍する6050系は6000系の更新タイプと完全な新製車があり、相互乗り入れを行っている野岩鉄道と会津鉄道にも同型車があります。

バラエティに富んだ陣容の6050系

　東武スカイツリーラインや日光線、鬼怒川線の快速と区間快速に運用される6050系は、関東では珍しい特別料金なしで乗車できる長距離用車両です。また、日光線や鬼怒川線の普通列車にも運用されます。観光客輸送や都市間連絡用の両開き式の2扉車で、2両編成27本の合計54両が在籍しています。1964（昭和39）年に登場した6000系を更新した車両と完全新製の車両があります。東武鉄道のほかに、野岩鉄道と会津鉄道も同型車を所有しています。

　野岩鉄道開業時の直通運転に備えて、6000系の車体更新が行われ、1986（昭和61）年に22本が登場します。走行系機器を流用し、冷房装置を搭載した車体を新製しました。外観はジャスミンホワイトにサニーコーラルオレンジとパープルルビーレッド帯を巻く日光線優等車色になり、この塗色は100系スペーシアの旧塗色（オリジナルカラー）や300型・

6050系は東武スカイツリーライン・日光線の快速と区間快速を中心に運用　写真提供：大野雅人

350型にも継承されています。座席は座面を1席ずつに分けたワインレッド色のクロスシートで折りたたみ式の大型テーブルを備え、乗降扉付近にロングシートを設置した**セミクロスシート**です。

完全新製車を増備

　快速列車の増結と快速急行の増発のために1988（昭和63）年から完全新製車7本を増備。台車が異なる以外に大きな変化はありません。野岩鉄道は61101～61103号編成を、会津鉄道は61201号編成を所有していますが、性能や仕様も完全新製車と同じです。

　6050系のうち6177号編成と6178号編成を観光用展望車両の634型「スカイツリートレイン」に改造し、2012（平成24）年10月に運用を開始しました。

東武鉄道新時代を切り拓く！
現在も主力として活躍するセミクロス車

野岩鉄道と会津鉄道仕様車の側面の社紋

野岩鉄道（左）と会津鉄道（右）の車体番号。外見は東武仕様と近似しているが、社紋を見れば、どの会社の所属か一目でわかる

国鉄の急行型電車のような座席が用いられている。長距離区間やローカル区間での着席サービスを追求する東武鉄道の姿勢が表れている

トイレも設置され長距離客のニーズに対応している

> **まめ蔵　セミクロスシート**……ロングシート（線路方向の座席）とクロスシート（枕木方向の座席）の両方を採用している鉄道車両の座席配置のこと。6050系は2ドアのセミクロスシート車です。

第4章　東武鉄道の車両のひみつ

現役車両⑥
東武鉄道の次世代型通勤用車両 50000型・50050型・50070型

東武鉄道では100系スペーシア以来となるアルミニウム合金製車体を持つ通勤用車両が50000系のグループです。路線によって50050型や50070型が存在しますが基本性能は共通しています。

アルミ合金製の通勤用車両

　50000型は「人と環境にやさしい次世代型車両」として2004（平成16）年にデビューした通勤用車両です。2006（平成18）年には東京メトロ半蔵門線と東急電鉄田園都市線への乗り入れ仕様車の50050型、2007（平成19）年には東京メトロ有楽町線・副都心線への乗り入れ用に50070型、2008（平成20）年からは「TJライナー」用の50090型が登場しました。基本性能は50000型と共通となっています。

　最大の特徴は車体がアルミニウム合金の**ダブルスキン構造**となったことで、車両の遮音性を向上するとともに、軽量化を実現して消費電力を抑えるほか、リサイクルを容易にし、環境負荷の低減を図りました。また、開閉時のドアチャイムの設置や床面の高さを低くするなど、バリアフリーに対応しています。

　車内はペールブルーグレー系の壁面に座席はロングシートで、一般席はウィステリアパープル（50070型はキュービックブルーに変更）、優先席はコンフォートグリーンとし、清潔感のある室内空間になりました。

東上線に登場した50000系の第一編成は正面非貫通
写真提供：東武鉄道

東京メトロ半蔵門線・東急田園都市線に乗り入れる50050型 写真提供：大野雅人

車体の軽量化に大きく寄与するダブルスキン構造（イメージ）

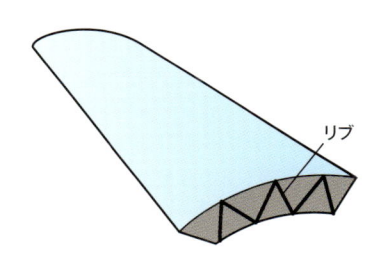

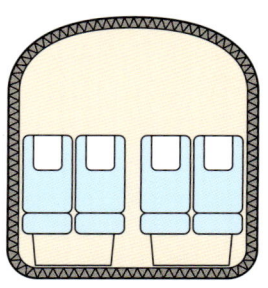

リブ

ダブルスキン構造のアルミ車体の断面図

地下鉄に乗り入れるための工夫

　10両編成9本の合計90両の50000型のうち最初に落成した51001号編成は前面非貫通形ですが、そのほかは50050型や50070型のように非常用の貫通扉を設け、地下鉄に乗り入れるための工夫が見受けられます。50050型は10両編成18本の合計180両が在籍し、車両限界の違いに合わせて車体幅をやや縮小しています。

　10両編成7本の合計70両が在籍する50070型は東京メトロ副都心線の稼働式ホームドアに対応するため、先頭車の全長が130mm延長されました。ワンマン運転を行うことからホーム監視用モニターも備え、運転台のレイアウトが大きく変わっています。

> **まめ蔵　ダブルスキン構造**……軽量化を図るために最新のアルミニウム合金の車両に採用され、内側と外側2枚の板の間に斜めのリブが入っています。剛性が強く車両のたわみが少なくなり、組立工数と製造コストを削減し、遮音性も向上しています。

現役車両⑦
マルチシートを備えた「TJライナー」用の50090型

東上線に登場した座席定員制の「TJ（ティージェイ）ライナー」に使用される50090型は50000系グループの車両ですが、クロスシートとロングシートに転換可能なマルチシートを備えています。

「TJライナー」に導入するために登場

　2008（平成20）年に東上線で運転を開始した「TJライナー」に導入された車両が50090型です。10両編成6本の合計60両が在籍しています。「TJライナー」とは座席定員制のホームライナーで、池袋から乗車する場合は着席整理券（300円）が必要となります。夕方以降の時間帯に平日9本、土休日4本が池袋～森林公園・小川町間の下り方面に運転されています。

　外観は従来と同じ無塗装車体ですが、シャイニーオレンジのほかに「（一般車両との）識別性」や「速達性（スピード感）」を表現するために、ロイヤルブルーの帯と「TOJO LINE」のロゴが入れられました。車内はホワイトを基調とし、車端部以外の客室窓は開閉可能な構造に変更されました。行先表示器はフルカラーLED式を採用。走行系機器などはこれまでの50000系グループに準じた性能ですが、空気圧縮機は低騒音化の向上を図るため、除湿装置一体形のパッケージコンプレッサに変更されています。

「TJライナー」に使用される50090型。ロイヤルブルーの帯がスピード感を表現している　写真提供：東武鉄道

新時代の輸送を実現！
シート配列の変更可能なユニーク車

一般的なクロスシート（転換式）

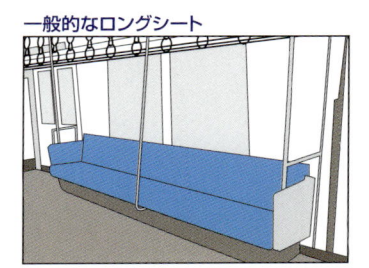

一般的なロングシート

東武50090型のマルチシート（デュアルシート）
クロスシート状態 ⇔ ロングシート状態

関東私鉄では初採用のデュアルシート

　特筆すべきは近畿日本鉄道のL/Cカーと同様にクロスシートとロングシートに転換できるマルチシート（**デュアルシート**）が装備されたことです。関東の民鉄では初めての採用となりました。「TJライナー」と一部の快速急行ではクロスシート状態で使用し、それ以外はロングシート状態で使用されています。
　シートの座席は背もたれが高く居住性に優れ、濃淡青色系を組み合わせたデザインとなり、車端部のロングシートも同じ形状でひじ掛けが装備されました。クロスシートおよびロングシートの転換は運転台にあるLCD画面のタッチ指令によって行われるほか、クロスシート状態では乗客が足元のペダルを踏んで自由に座席を回転させることができます。

> **まめ蔵　デュアルシート**……クロスシートとロングシートに転換できる座席のこと。近鉄の5800系（L/Cカー）で初めて本格的に採用。近鉄と東武以外にJR東日本の205系3100番台にも2WAYシートと呼ばれるデュアルシートがあります。

4章　東武鉄道の車両のひみつ

現役車両⑧
半蔵門線・田園都市線直通用車両として登場した30000系

東京メトロ半蔵門線と東急田園都市線への乗り入れに対応した30000系は東武鉄道初の技術や装備が採用された意欲的な車両です。2011（平成23）年からは東上線での運用も開始されました。

3社直通運用に対応した通勤電車

　今までの東武鉄道のイメージを一新させるべく登場した30000系は東武スカイツリーライン（伊勢崎線）～営団地下鉄（現・東京メトロ）半蔵門線～東急電鉄田園都市線の3社直通運転に対応した通勤用車両です。1996（平成8）年～2003（平成15）年に6両編成・4両編成各15本の合計150両が新製されました。

　東武伝統のロイヤルマルーンの帯を巻くステンレス製の車体で、前頭部にはFRP（繊維強化プラスチック）の成形品を使用し、ほかの編成や形式との併結運転も考慮して前面部は貫通扉が付いた貫通型となりました。行き先表示は20050型以降の地下鉄乗り入れ対応車で採用されていたLED方式。側面には従来よりも横幅が2倍近くある種別・行き先表示器を設けています。

洗練されたデザインが特徴の30000系　写真提供：大野雅人

相互直通運用以外に東上線での運用も開始

「優しさ」を設計コンセプトに、省エネ化、メンテナンスフリー化をいっそう図るため、IGBT素子を利用したVVVFインバータ制御やT型ワンハンドルマスコンを東武鉄道で初めて採用しています。前面部の運転台から操作する電気連結器が他形式との併結を考慮して上下2段になりました。

車内はウォームグレーにペールブルーをアクセントにした化粧板を使用し、座席は青色系のロングシートとなりました。1998(平成10)年度以降では本格的に**バケットシート**を採用、荷棚や吊り革の高さを従来車よりも低くするなど車内設備の仕様が変更されています。

2003(平成15)年から営団地下鉄半蔵門線と東急田園都市線との相互直通運転を開始し、南栗橋から中央林間まで乗り入れるロングラン運用となりました。2006(平成18)年以降は50050型の投入により、直通運用から外れる編成が増え、2011(平成23)年には東上線へ転属された6両編成・4両編成が、10両固定編成に改造されたうえで運用に就いています。

地下鉄乗り入れ可能なVVVF車 端正なマスクで東武新時代を拓く

明るく現代的な印象の30000系の室内

> **まめ蔵 バケットシート**……「バケツ形の座席」という意味で、鉄道車両では座席の左右のへりを高めて凹みを設け、座り心地の向上と定員着席を誘導するロングシートのことです。凹みの形状は鉄道会社によって異なります。

現役車両⑨
日比谷線に乗り入れる18m車
20000型・20050型・20070型

日比谷線への乗り入れ用に製造された20000系グループはオールステンレス車体の18m車としてデビューしました。全車共通で日比谷線直通運用に活躍しています。

日比谷線規格に合わせた18m車

　2000系の後継車として1988（昭和63）年にデビューした20000型は営団地下鉄（現・東京メトロ）**日比谷線**乗り入れ用の車両です。増備車として1992（平成4）年に両端2両を5扉化した20050型、1996（平成8）年に20050型をマイナーチェンジした全車3扉車の20070型も登場します。

　20000系グループは日比谷線の規格に合わせた18m車で、ステンレス軽量車体とボルスタレス台車が採用され、前面は地下鉄乗り入れのための非常扉を片側に寄せて設置し、正面一枚窓を傾斜させた斬新なデザインに加えて、ロイヤルマルーンの帯がアクセントになっています。

東京メトロ日比谷線に乗り入れる20000系

3型式に分かれる20000系グループ

　3扉車の20000型は8両編成13本の合計104両が在籍し、車内はオフホワイト系にまとめられ、10人掛けのロングシートが並んでいます。

　制御装置がVVVFインバータ制御となったために新系列となった20050型はラッシュ時の乗降時間短縮に対応できるように先頭車2両を5扉車とし、正面の貫通扉上部に「5DOORS」のマークを掲出したことが特徴です。車内は座席も含めてブラウン系に変更、車いすスペースを設けるなどバリアフリー対策も実施されました。20050型は8両編成8本の合計64両が製造されています。

　輸送力増強用として8両編成3本の24両が増備された20070型は、5扉車の編成本数が確保されたため再び3扉車となりました。屋根上の冷房装置が独立し、パンタグラフをシングルアーム式とした点が20050型との外観上の違いです。

前面非対称でワイドな運転台を実現
現在は3バリエーションが在籍

20050型は先頭2両が5扉車　写真提供：大野雅人

20000型・20070型と
20050型（5扉車）のサイドビュー

20000型・20070型

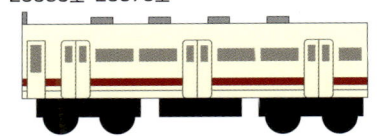

20050型（5扉車）

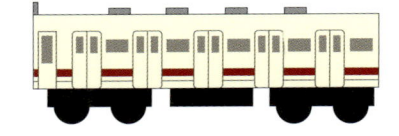

> **まめ蔵**　**日比谷線**……北千住から中目黒を結ぶ東京メトロの地下鉄路線で、1961（昭和36）年に開業しました。急曲線が多いことから18m車が使用され、東武鉄道が乗り入れています。

第4章　東武鉄道の車両のひみつ

現役車両⑩
様々なバリエーションが存在
10000型・10030型・10080型

東武鉄道の主力通勤車両である10000系グループは形式や編成両数など様々なバリエーションがあります。内装を中心としたリニューアル工事が進行中で今後の活躍が期待されます。

8000系の後継車として10000系が登場

　1963（昭和38）年から製造されてきた8000系に代わって、1983（昭和58）年に登場したオールステンレスの通勤用車両が10000系グループです。9000系をベースに大量増備され、1996（平成8）年までに合計486両が製造されました。東武本線と東上線では2・4・6両編成を組み合わせて使用し、東上線では8・10両編成も運用されています。

　10000型はコルゲートの入った形状のステンレス車体で、正面中央部に貫通扉を設けて左右対称のデザインになりました。制御装置は回生ブレーキが使用できるバーニア式界磁チョッパ制御を採用、ブレーキ装置は運転台からデジタル信号を送信して全車一斉にブレーキをかけられる全電気指令式空気ブレーキを装備しています。

9000系をベースに製造された10000型　写真提供；河野孝司

マイナーチェンジ車と試作車

　1988（昭和63）年から車体の構造や台車を中心にマイナーチェンジした10030型が伊勢崎線・日光線で運用を開始。凹凸の多いコルゲート車体から出っ張りの少ないビードライン車体に変更され、光沢を抑えたダルフィニッシュ（梨地）仕上げを施して外観が大きく変化します。1992（平成4）年以降の増備車では車内に補助空調装置（スイープファン）や車いすスペースを設置した点が異なり、10050番代が付番されています。

　10000型は2007（平成19）年から内装を中心に行先表示器のLED化、スカートの設置などのリニューアルが行われ、10030型も2011（平成23）年からリニューアル工事がスタートしました。

　10030型と同時に登場した10080型は東武鉄道では初の**GTOサイリスタ素子**によるVVVFインバータ制御を採用。試作車的な位置づけのため4両編成1本のみが製造され、2007（平成19）年には50000系と同じ主制御装置に換装されています。

リニューアル工事の実施で再生！
車齢を感じさせない昭和の電車

10030型以降に製造されたグループは外観が大きく変更された　写真提供：河野孝司

> **まめ蔵**　**GTOサイリスタ素子**……VVVFインバータ制御ではサイリスタやトランジスタなど、電流のON・OFFを制御するスイッチング素子が使われますが、GTOサイリスタ素子（ゲートターンオフサイリスタ）はそのスイッチング素子のひとつです。

現役車両⑪
東武初の軽量ステンレスカー 9000系

東上線と東京メトロ有楽町線および副都心線で運用されている9000系グループは、東武鉄道では初めての新機軸を盛り込んだ通勤用車両です。

東武初尽くしのエポックメーキングな車両

東上線と営団地下鉄（現・東京メトロ）有楽町線との相互直通運転用の車両として誕生した9000系は軽量ステンレス車体、AFE（自動界磁励磁）式**主回路チョッパ制御**、全電気指令式空気ブレーキ（右ページ参照）などを東武鉄道では初めて採用したエポックメーキングな車両です。1981（昭和56）年に最初の1編成である9101号編成が登場しました。

前面部は「く」の字に曲げた3面構成の左右非対称で、ステンレス無塗装にロイヤルマルーンの帯を巻く東武ステンレス車の標準仕様ですが、客室窓は一段下降式となっています。車内は天井にミルキーホワイト、壁面にはキャンバス模様入りのオパールホワイトを採用し、明るい雰囲気を演出しています。

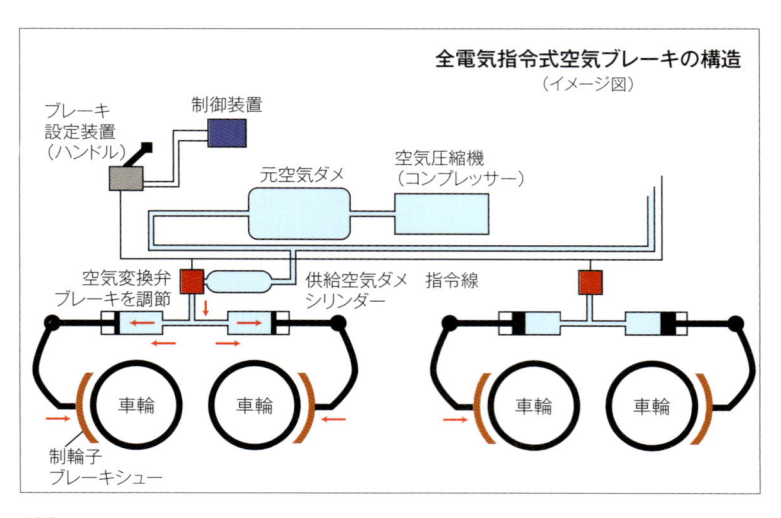

全電気指令式空気ブレーキの構造
（イメージ図）

2タイプの9000型と9050型

　1987（昭和62）年に有楽町線との相互直通運転に備えて、9000系は本格的に増備されるようになります。9101号編成を改良した9102号編成以降は10両編成6本（9107号編成まで）が製造されました。外観ではパンタグラフを含めた屋根上機器の構造変更、冷房装置と吸出式通風装置の一体化などが9101号編成とは異なります。1991（平成3）年に増備された9108号編成（10両編成1本）は車体側面が9101号編成と9102～9107号編成の凹凸の多いコルゲート形状から出っ張りの少ないビードプレス加工のダルフィニッシュ（梨地）仕上げに変更され、印象が大きく異なっています。

　1994（平成6）年に有楽町線乗り入れ列車の増発に伴って新製された9050型10両編成2本は、主制御装置が日比谷線直通用の20050型と同様のGTOサイリスタ素子によるVVVFインバータ制御に変更されました。2008（平成20）年に開業した東京メトロ副都心線への乗り入れに対応させるためのリニューアルが、9101号編成を除く9000型と9050型9本に施工されています。

クリーム色の電車群に現れたステンレス車 後期車はコルゲートを廃しイメージ一新

軽量ステンレスカーの9000系は、営団地下鉄（現・東京メトロ）有楽町線に乗り入れるため、東上線に配置された　写真提供：河野孝司

> **まめ蔵**　**主回路チョッパ制御**……チョッパ制御とは直流電気を断続してモーターを制御する方式のこと。主電流回路（電機子回路）に接続して電圧制御を行うものを主回路（電機子）チョッパ制御と呼んでいます。

現役車両⑫
私鉄では最多の両数を誇った8000系

"私鉄の103系"といわれるほどの大世帯となった8000系は私鉄史上最多の712両が製造されました。製造年度やリフレッシュ工事の時期によって様々なバリエーションがあるのも特徴です。

1系列712両もの大世帯となった8000系

　7800系や7300系といった通勤車両の後継車として開発された8000系は1963（昭和38）年から1983（昭和58）年のおよそ20年間にわたって712両が製造されました。1系列712両は私鉄史上においては**最多両数**にあたります。2・4・6・8両編成があり、組み合わせによってローカル線での2両編成から東上線の10両編成まで柔軟な運用が可能です。2009（平成21）年3月末までは600両近くが残存していましたが、2012（平成24）年3月末では402両が在籍し、野田線や亀戸線、大師線などを中心に活躍を続けています。

　全長20mの鋼製車体ですが、経済性を重視しつつ徹底的に軽量化され、制御装置はバーニア制御器によりスムーズな加速が可能です。ロイヤルベージュとインターナショナルオレンジのツートンカラーで登場。1985（昭和60）年以降はジャスミンホワイトにブルーの濃淡のラインを配したカ

東武8000系と同時期に活躍した関東大手私鉄の主力車両との製造数の比較

形　　式	製　造　数
東　武　8000系	**712**
東　急　8000系列	677
西　武　2000系	436
営　団（現・東京メトロ）　5000系	428
京　急　1000形	356
京　王　6000系	304
京　成　3000系列	258
小田急　5000形	180

ラーリングに変更されましたが、2012（平成24）年8月に動態保存された8111号編成は登場当時のツートンカラーに塗装されています。

製造時期が長期間にわたったため、設備面や冷房装置、台車などに違いが見られます。さらに1986（昭和61）年から2007（平成19）年にかけて内装のリニューアルや前面形状の変更などのリフレッシュ工事を施工。とくに前面部は6050系に似たブラックフェイスとなり、スカートも設置されて大きくイメージが変わりました。

ワンマン運転対応の800型と850型

伊勢崎線と佐野線のワンマン運転用に8000系の8両編成5本を改造し、800型と850型として2005（平成17）年にデビューしました。8両編成のうち、中間車2両を廃車にして、池袋側の3両を800型、寄居側の3両を850型とし、ワンマン運転対応機器を装備しました。同時に車いすスペースや車内案内表示装置も設置されています。800型と850型は各5本ずつ、3両編成10本の合計30両が登場しました。

20年にわたり712両を製造
私鉄の103系のニックネームを持つ不朽の名車

8000系の車内。登場当時は黄土色のシートだったが、現在は黄緑色になり、現代的な雰囲気にまとめられている

8000系からの改造車である800・850型はワンマン運転に対応する

まめ蔵　最多両数……東武8000系は、私鉄の同一系列では最多の712両が製造されましたが、単一形式の最多は356両製造された京急の旧デハ1000形です。同形式はオール電動車で全車両がデハ1000形を名乗っていました。

現役車両⑬
スカイツリーへの行楽輸送を担う
6050系改造の展望列車 634型

「東武沿線からスカイツリーへ」「スカイツリーから日光・鬼怒川へ」をコンセプトに、2012（平成24）年、6050系を改造した展望車としてデビューしました。

"東武の快速車両"6050系のイメージを一新

　634（むさし）型「スカイツリートレイン」は、東京スカイツリー®をはじめ日光・鬼怒川など、東武沿線の様々な観光スポットや素晴らしい風景を堪能できる2両編成2本の展望車両です。6050系をベース車両とし、**総合車両製作所**で改造を受けて登場しました。

　外観は、白地に明るいカラーリングとなり、青空をイメージしたデザインと朝焼けをイメージしたデザインの2種類（2編成）。車内は高床となり、窓側を向く「ペアスイート」や「シングル」などの座席が配されたほか、屋根から回り込む天窓のような展望窓が新たに付けられました。運転台直後にはフリースペースとして前面展望が可能な前面展望スペースやサロンのほか、イベントスペースなどが設置されました。また、付随車（1・3号車）車の連結部付近には、大きな鏡が付いた洗面台や、車内販売などが行われるサービスカウンターも設置されています。

土休日を中心に走る臨時特急……野田線にも乗り入れ

　スカイツリートレインは、2012（平成24）年12月から土曜日に浅草と大宮・太田・鬼怒川温泉の間を、日曜日に浅草と鬼怒川温泉の間を結ぶ臨時列車としても活躍。土曜日は、太田→浅草ー(回送)→大宮→浅草→鬼怒川温泉→浅草→新栃木と運用されます。野田線に不定期ながら特急列車が走ることになり、大宮から浅草へ、約55分間の眺望列車の旅が楽しめます。

　両編成とも浅草方（2・4号車）が動力車、北千住方が付随車（1・3号車）となり、床下からのモータ音などを楽しむならば2・4号車、静かな車内を好むならば1・3号車という選択肢もあるでしょう。

天高く伸びる東京スカイツリー®の先も見える眺望に優れた東武の異色観光列車

4章 東武鉄道の車両のひみつ

634型と東京スカイツリー®。新時代を象徴するツーショットだ　写真提供：河野孝司

眺望性を重視したシート配列。東武鉄道の意気込みを感じさせる素晴らしい車両だ

車端部にはサロン（談話コーナー）があり、旅の楽しみを演出している

両開きの扉の前に洗面台が設けられている。ほかの形式では見られない珍しい光景だ

まめ蔵　総合車両製作所……1946（昭和21）年に設立された、旧・東急車輛製造の鉄道車両事業部門。2012年にJR東日本の子会社となったときに現在の社名に改称。略称はJ-TREC（Japan Transport Engineering Company）。

思い出の車両①
国鉄の157系電車に対抗
デラックスロマンスカー1720系

小田急のロマンスカーや近鉄のビスタカーなど、私鉄の特急電車が斬新さを競った時代、東武で満を持してデビューしたのが、デラックスロマンスカーの愛称を持つ1720系でした。

国鉄との競合で生まれた新型車

　日光は日本を代表する観光地です。戦後の高度経済成長期になると、国民の観光旅行が一般化するとともに、外国人観光客の需要も生まれてきます。そんななか、国鉄は1959（昭和34）年に日光線を電化し、上野～日光間の準急「日光」に、特急並みの車内設備を持つ新型電車**157系**を投入しました。

　それに対し、日光方面への観光客輸送でライバル関係にある東武鉄道は、翌1960（昭和35）年に特急用の新型電車1720系をデビューさせます。その開発の狙いは、「世界の日光線にふさわしい車両を」を合言葉に計画。まさに東武が社運をかけた新型車となったのです。

国鉄の157系準急「日光」に対抗して製造された「デラックスロマンスカー」　写真提供：RGG

東武鉄道のフラッグシップ車として君臨 DRCの愛称を持つ不朽の名車

準急「日光」に使用された国鉄157系　写真提供：RGG

暖色系でまとめられた室内の様子　写真提供：RGG

30年にわたりエースとして君臨

　1720系の愛称は「デラックスロマンスカー（DRC）」。車内にはリクライニング式の回転クロスシートを備え、全車冷房完備です。それだけでも当時として高水準のサービスなのですが、さらにビュッフェやジュークボックスを備えるサロンルームも設けています。外観も、流麗なデザインのボンネットを持つ前頭部、気品に満ちた塗装など、きわめてインパクトの大きなものとなりました。走行性能の面では、カルダン駆動や空気バネ式台車など、当時の一級の技術を採用しています。

　この画期的な電車の導入により、日光への観光輸送における国鉄との競合は、東武が圧倒的に優位となりました。そして、100系「スペーシア」への置き換えで1991（平成3）年に引退するまで、東武の、そして日本の私鉄を代表する特急車両として名を馳せたのです。

> **まめ蔵**　**157系**……1959（昭和34）年に日光線の電化に合わせて誕生した国鉄電車。準急用でありながら、国鉄最高峰の存在だった特急「こだま」用の151系並みの車内設備を持ち、愛称は「日光型」でした。

思い出の車両②
戦後初の日光線特急車両 5700系

流線型と貫通式、2つの顔を持つ個性的な優等列車用の名車。吊り掛け駆動でありながら長期にわたり活躍し、今は東武博物館のシンボル的存在になっています。

戦後生まれの「ネコひげ」と呼ばれた本格的特急車

　戦後の復興が軌道に乗った時代、東武は日光方面の特急列車用として、新型電車5700系を投入しました。デビューは1951（昭和26）年で、まずモハ+クハの2両編成を3本新製。これが東武における戦後初の特急車でした。3本のうち2本は前面が2枚窓で流線型というスタイルなのに対し、もう1本は貫通扉が付いた前面貫通式で、それぞれを「A編成」「B編成」と呼称しました。**吊り掛け駆動**で、車体長は18.7m、車内は転換式クロスシート、照明は私鉄で初めて蛍光灯が使用され、ドアは各車運転室に向かって左側は前後に1つ、右側は前に1つというユニークな配置です。ドアのない右後方には、モハは放送室（後に売店）、クハはトイレがあります。流線型のA編成の前面は、国鉄の湘南型電車（80系）の流れをくんだデザインですが、銀色の飾り帯の形状から愛称は「ネコひげ」となりました。

　1953（昭和28）年にはB編成を1本と、前面貫通式でカルダン駆動となったC編成（後に吊り掛け駆動に改造）を2本増備します。

平成まで走り続けた長寿電車

　5700系は当初特急「けごん」「きぬ」などに使用されましたが、やがて後継車の登場で急行や快速、団体列車などに転用されます。そして、A編成も前面が貫通式に改造され個性が薄れますが、引き続きクロスシートのまま使用され、引退するのは1991（平成3）年でした。ドアの増設やロングシート化といった改造を受けずに、これほど長く使われたことも、5700系の優秀さを物語っています。

　東武博物館には、A編成の流線型前頭部を復元した1両と、貫通式B編成の前頭部が展示されています。

東武鉄道の戦後復興のシンボル！
美しいデザインが魅力の優等車両

4章 東武鉄道の車両のひみつ

5700系は引退するまでクロスシートを貫き通した　写真提供：花上嘉成

東武博物館に運び込まれる5700系
写真提供：東武鉄道

「ネコひげ」の5700系は
東武博物館に保存されている
写真提供：河野孝司

> **まめ蔵**　**吊り掛け駆動**……電車や電気機関車の駆動方式の一つで、電動機（モーター）を車軸に吊ったような構造。シンプルで信頼性が高い半面、騒音が大きく乗り心地も良くないため、電車は後にカルダン駆動に移行しました。

思い出の車両③
車両不足解消のため国鉄電車が入線　7300系

20m級4ドアというのは、長年にわたり東武の通勤電車の基本形となっています。この様式で最初に登場したのが、国鉄から払い下げられたモハ63形を改修した7300系でした。

国鉄から割り当てられた4ドア車

　第二次大戦による被害で車両不足に陥った各私鉄を救済するため、戦時中から終戦後にかけて国鉄に導入された**モハ63形**電車が、各社に割り当てられました。東武には40両が入線し、さらに名古屋鉄道から14両、国鉄からさらに4両の譲渡を得て、合計58両となります。

　20m級4ドアのこれらの電車は、当初は室内天井の鉄骨はむき出しで座席は板張りというモハ63形そのままの姿で使われていました。しかし、天井板の取り付け、側窓の二段窓化など、各部に改修を実施し、当初6300系と命名されていたものを7300系と改番。さらに、1959（昭和34）年からは7800系と同等の新製車体（客室）に載せ換えられ、生まれ変わります。そのスタイルは、片開き4ドアにスマートな半流線型の前頭部というものです。

　また、63形以外に国鉄で戦災に遭った電車4両が東武に払い下げられ

当初は国鉄63形のままの姿で使われていた7300系　写真提供：RGG

ていましたが、これらも7300系の仲間となっており、同様の車体（客室）に載せ換えられています。

通勤電車の基本系を確立

　総勢58両の7300系は電動車と付随車が半数ずつとなり、4両と2両の編成が組まれました。新型車両も続々と投入されますが、沿線人口の増加が続くなか、7300系の活躍はまだまだ続きます。

　しかし、1980年代に入ると各部の老朽化が進み廃車が始まりました。そして、1984（昭和59）年に全てが引退。

　生い立ちは粗末なモハ63形でしたが、20m級4ドアという通勤電車の様式を確立した、この7300系が残した足跡は大きなものとなっています。

昭和末期まで在籍した旧国鉄スタイル車
通勤車両のスタイルを確立した20m4ドア車両

羽生と寄居で東武線と接続する秩父鉄道にも旧型国電ベースの800系（元小田急1800形）があった。1980年頃まで各社にこういった形式が存在した　写真提供：RGG

> **まめ蔵**　**モハ63形**……第二次大戦末期から終戦後にかけ、国鉄が大量に導入した通勤電車。初の本格的な20m級4ドア車で、従来より輸送力が大幅に向上しています。改修して73系となり、さらに増備が続き都市圏で活躍しました。

思い出の車両④
戦後初の自社設計による通勤形車両　7800系

終戦後の混乱が落ち着くと、東武は自社オリジナルの新型通勤電車を開発します。それは、7300系の経験を有効に活かしたもので、新たなスタンダードとなったのでした。

東武が独自に導入した戦後の通勤電車

　戦後の復興とともに増大する通勤輸送需要に対応し、国鉄モハ63形の払い下げ車である7300系に続き、今度は自前の新製車両を導入することになりました。それが1953（昭和28）年デビューの7800系です。20m級4ドアという基本仕様は7300系のものを踏襲したうえで、貫通式で半流線型の前頭部を持つ精悍なスタイルになっています。駆動方式は当時まだ主流だった吊り掛け式です。

　7800系は戦後の東武の通勤電車のスタンダードを確立し、1961（昭和36）年までという長期にわたり増備が続き、総数は164両となりました。カルダン駆動を採用した1700系が1956（昭和31）年に登場してから、5年も増備が続いたのも、この電車の優秀さの証しといえます。

東武鉄道オリジナルの7800系　写真提供：RGG

仕様の違いで細分化された形式

　増備の過程で何度かマイナーチェンジがあり、初期の7800系、車体細部の形状を変更のうえ長距離用に**トイレ**を設置した7890系（当初は7850系で、その後改番）、そのトイレを省略した7820系、製造メーカーが違い一部仕様が異なる7860系、そしてパンタグラフを前頭部から後方に移した最終増備の7880系と細分されます（これらを7800系または7800系統と総称）。また、7300系の車体（客室）も、これら7800系に準じたものに載せ換えられました。

　このように不動の地位に君臨したのですが、後年登場する新型車に比べ車体設備が劣ることから、1979（昭和54）年以降は主要機器を流用のうえ8000系に準じた車体（客室）を載せる更新工事を実施。5000系として生まれ変わり、走り続けます。

国電スタイルを踏襲した新製車
下廻りを流用した5000系は平成まで活躍

7800系は長距離客の利用を見越してトイレが設置されていた　写真提供：岡　準二

まめ蔵　トイレ……7890系のクハにはトイレが設置されました。これは、長距離の路線を持つ東武ならではの設備だったのです。ちなみに、7890系の編成はモハ7890形とクハ890形による2両で、4編成8両が製造されました。

思い出の車両⑤
野田線で活躍した幻の2080系

東武の路線網の中で独特な位置にある野田線では、ほかの路線と異なる車両も活躍してきました。その一つが、わずか4年だけ使用された異色の改造車2080系です。

野田線近代化のために登場

東武野田線では、吊り掛け駆動で車体を載せ換えた更新車3000系が使われてきましたが、老朽化が進んだことから、カルダン駆動の新性能車に置き換えることになりました。

それは、当時置き換えが進行しつつあった、地下鉄日比谷線乗り入れ用の**2000系**を有効に活用するというものです。2000系は1961（昭和36）年登場の18m級3ドア、カルダン駆動の通勤電車ですが、増備が1972（昭和47）年まで続きました。比較的経年の少ない後期製造のものを、野田線に転用しようというわけです。

短命に終わった少数派の改造車

このような経緯で出現したのが2080系で、1988（昭和63）年と1989（平成元）年に6両編成が1本ずつ改造されました。ベースになった2000系は全て中間車だったので、2080系の先頭車には新たにつくった前面を取り付けています。その形状は2000系に準じた、左右非対称のものです。当時流行していたブラックフェイス（窓の周りを黒く塗り、窓を大きく見せるデザイン上の手法）が採用され東武の車両のイメージを大きく変えました。また、2000系は全車電動車だったのに対し、2080系は6両編成中2両を付随車としました。

こうして新たな野田線の主力になるかと思われた2080系でしたが、非冷房であったこと、同線への20m級電車の導入が進んだことなどから、その後の増備はないまま1992（平成4）年に全廃となります。2000系はその翌年まで一部が稼働しており、改造車の2080系の方が先に引退というのは不本意な結果だったかもしれません。しかし、20m級電車への「つなぎ」の役割を立派に果たしたのでした。

状態の良い2000系を改造
短命に終わった悲運の車両

野田線でわずか4年間だけ活躍した貴重な2080系。短命に終わったのが惜しまれる　写真提供：花上嘉成

2080系のもとになった2000系は、営団地下鉄（現・東京メトロ）日比谷線乗り入れ車　写真提供：RGG

> **まめ蔵**　**2000系**……営団地下鉄（現・東京メトロ）日比谷線は東武伊勢崎線と東急東横線で相互乗り入れが決定し、3社で共通の車両の規格を制定。東武2000系、営団3000系、東急7000系が1961（昭和36）年に登場しました。

4章　東武鉄道の車両のひみつ

思い出の車両⑥
快速のグレードアップを図るために登場した東武顔の6000系

戦後の東武において、1720系が特急の花形だったのに対し、快速のイメージを大きく向上させたのが6000系。料金不要の快速列車に充当され、利用客に親しまれました。

新しい時代の快速用電車

　東武の特急電車はDRCこと1720系により高水準のものとなりましたが、快速は従来の車両を使用していました。その差を埋めるべく、1964(昭和39)年に登場したのが6000系です。

　車体は全金属製の20m級2ドアで、車内には固定式クロスシートとロングシート(車端部のみ)を配置し、デッキはありません。前頭部は貫通式の半流線型で、左右の窓の上に行き先と列車種別の表示窓、腰の部分にライトを配置したスマートなデザインです。これにベージュとマルーンのツートン塗装がよく似合います。走行装置は通勤電車8000系に準じたカルダン駆動ですが、勾配が続く日光線での使用を考慮し、**抑速ブレーキ**も備えます。編成はモハとクハの2両で、クハにはトイレを設置。22本の編成が製造されました。

8000系とは若干異なる顔を持つ6000系　写真提供：花上嘉成

全車に更新工事を実施

　長距離・観光型車両として見劣りしない車内設備を持った6000系は、快速として大活躍し、浅草〜東武日光間を2時間以内に短縮します。しかし、時代が流れると非冷房であることが、乗客サービス上問題となってきました。そこで冷房化ということになるのですが、それ以外の車内設備や外観スタイルも一新すべく、車体を新製して機器類を流用する更新工事という方策が採られます。

　そして、1985〜86（昭和60〜61）年に全車が冷房付きの6050系に生まれ変わりました。車体形状や塗装、車内設備が全く新しいものになりましたが、流用された台車などに6000系の面影が見られます。

和風美人を思わせる端正な顔立ち
東武顔は文字通り東武の顔として活躍

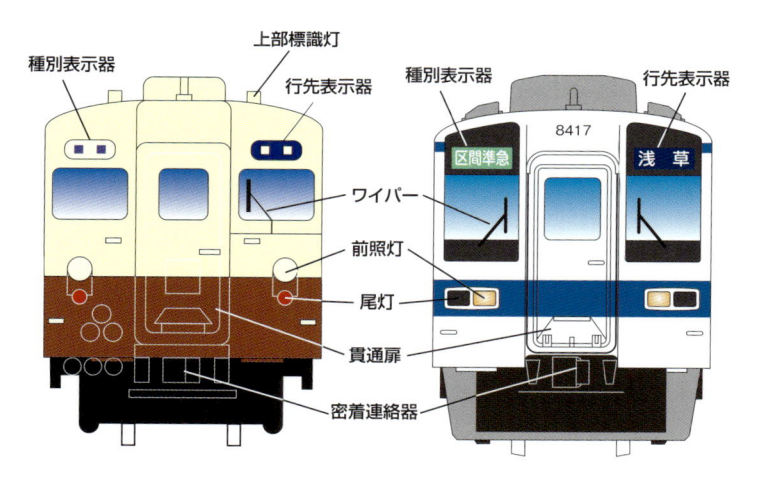

6000系の前面

- 種別表示器
- 上部標識灯
- 行先表示器
- ワイパー
- 前照灯
- 尾灯
- 貫通扉
- 密着連絡器

最後の東武顔車両だった8000系も現在ではほとんどの車両が更新され図のようなマスクに変わっている

- 種別表示器
- 行先表示器

まめ蔵　抑速ブレーキ……下り勾配を走行中、摩擦ブレーキを連続使用すると過熱による不具合が生じます。それを防ぐのが抑速ブレーキで、6000系の場合は主電動機で発電し、その回転抵抗でブレーキを掛けていました。

第4章　東武鉄道の車両のひみつ

思い出の車両⑦
東武鉄道が最後に導入した湘南タイプの気動車キハ2000形

東武には熊谷線という、ほかの路線と接続しない非電化の路線がありました。そこで活躍していたのが東武最後の気動車、可愛らしいキハ2000形でした。

蒸気機関車に代わって登場した気動車

　熊谷線は戦時中に熊谷～妻沼間が開通し、以後延長されることはありませんでした。当初は蒸気機関車で運転していましたが、1954（昭和29）年に**無煙化**されます。その時導入されたのが、3両だけ製造されたキハ2000形気動車です。

　この車両は全長17mたらずの両運転台で、ディーゼルエンジンの動力を車輪に伝える方式は液体式と呼ばれるもので、自動車のオートマチックトランスミッションと同様の液体変速機（トルクコンバーター）を使用しています。この方式は当時日本の鉄道車両で本格的に実用化されたばかりのもので、その後主流となりました。

終着の妻沼駅。キハ2000形は、ほかの路線とは接続しない熊谷線で活躍していた　写真提供：河野孝司

当時大流行した2枚窓を採用
熊谷線と運命をともにして1983年に廃車

平野の中を疾走するキハ2000形　写真提供：河野孝司

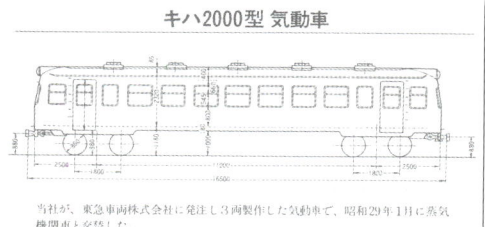

熊谷線廃止記念乗車券より転載

熊谷線とともに迎えた終焉

　キハ2000形の外観の最大の特徴は、前面の形状です。丸みを帯びて2枚の窓を持つスタイルは、「湘南型」の愛称を持った国鉄80系電車の影響を受けたもので、当時多くの鉄道車両に見られました。車体は軽量化され、車内は中央部が固定式のクロスシート、車端部はロングシートです。

　製造時より一貫して熊谷線を走り、塗装は何度か変更されましたが、末期は東武の通勤電車と同じセイジクリーム一色でした。熊谷線は東武唯一の非電化路線として営業を続け、キハ2000形も東武最後の気動車として走り続けました。しかし、この路線は開通以来赤字続きだったこともあり、東武と自治体の間で廃止について何度も話し合った結果、1983（昭和58）年に廃止となり、キハ2000形も運命をともにしたのでした。

> **まめ蔵　無煙化**……蒸気機関車を電気あるいは内燃機関の動力車に置き換えることを無煙化といいます。煙を吐く蒸気機関車がなくなるため、このような言い方をしたのですが、運転や維持にかかる各種経費の低減などの効果もあります。

4章　東武鉄道の車両のひみつ

思い出の車両⑧
5000系引退により首都圏大手私鉄から吊り掛け駆動車が消滅

電車の駆動方式が騒音の少ないカルダン式に移行して久しいですが、東武では吊り掛け駆動の5000系が比較的近年まで豪快なサウンドを奏でながら活躍していました。

旧型車両の機器を流用し誕生

　東武の通勤電車のスタンダードとなった7800系は、旧式の吊り掛け駆動ながら性能に優れ、各線に君臨しました。しかし、その後の新型車と比べ車内設備などが見劣りするようになります。

　そこで7800系を新型車に置き換えることになるのですが、完全な新製とはせず、走行関係の機器は流用することになりました。このような方式が採られたのも、性能が優秀な7800系ならではのことといえます。

　車体（客室）は8000系に準じた20m級両開き4ドアのものを新製しています。まず、1979（昭和54）年に12両が非冷房で落成し、これを5000系と呼びます。

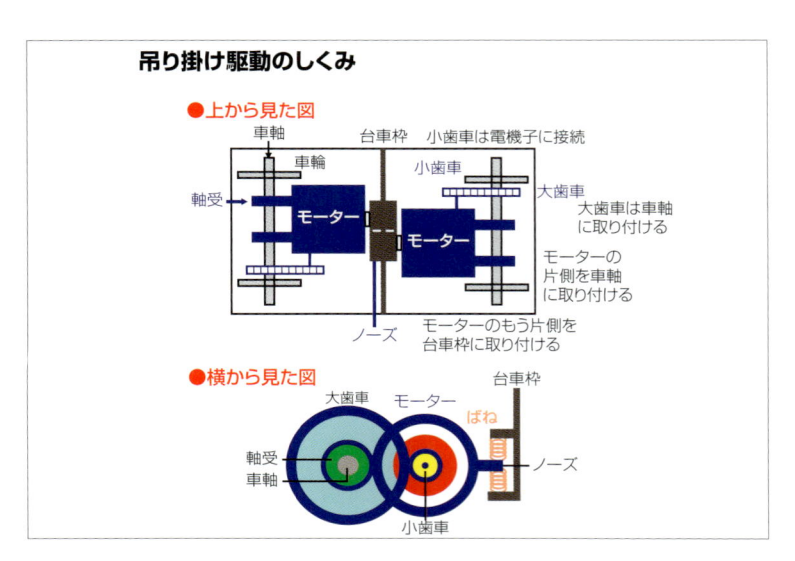

吊り掛け駆動のしくみ

●上から見た図

●横から見た図

21世紀まで聞かれた吊り掛けサウンド

　その後は冷房化し**5050系**としたグループが72両を増備します。ここまで、編成は2両と4両です。そして、6両編成化した5070系が78両加わり、総勢162両という一大勢力になりました（5000系、5050系、5070系を5000系あるいは5000系統と総称）。また、初期の5000系も冷房化改造されています。

　8000系並みの近代的な外観スタイルをしながら、吊り掛け駆動の轟音をたてて走るユニークな電車となり、当初は伊勢崎線や東上線でも使われましたが、やがて支線主体に移行します。完全な新製車ではありませんが、支線の冷房化が進められたのも、5000系の一つの功績です。

　そして21世紀まで走り続け、最後は5050系が宇都宮線に残り、2006（平成18）年末に運用を終えました。これが首都圏の大手私鉄最後の吊り掛け駆動車でした。

東武顔の吊り掛け駆動車5050系　写真提供：東武鉄道

動態保存された東武顔

　年々近代化が進みサービスが向上するのは大変ありがたいですが、伝統の名車が姿を消すのは寂しくもあります。そんなファンの気持ちを察してか、通勤用の主力として一世を風靡した8000系の1編成が、東武博物館でデビュー当時の塗装を再現のうえ動態保存されました。2012（平成24）年8月からこの編成によるイベント列車を運転し、大きな話題になっています。大手私鉄において動態保存という形で営業運転するのは異例で、企業の姿勢も大いに感じられるところです。

8111号編成は、引退するまで東上線に在籍。懐かしいツートンカラーを身にまとい、イベント列車として東武スカイツリーラインや野田線などで活躍するようになった　写真提供：大野雅人

> **まめ蔵**　**5050系**……最後の吊り掛け駆動車となった5050系の全廃に際し、2006（平成18）年12月に日光線で「さよなら吊掛式電車5050系」というヘッドマークを取り付けた記念列車を運転し、多くのファンが別れを惜しみました。

4章　東武鉄道の車両のひみつ

5章

東武鉄道の歴史

1904（明治37）年の越ヶ谷（現・北越谷）駅構内
写真提供：東武博物館

鉄道王と呼ばれた初代根津嘉一郎の手腕により、大小様々な鉄道会社の買収や合併を繰り返して、ネットワークが拡大した東武鉄道。現在の東上線の前身にあたる東上鉄道との対等合併や、野田線の前身にあたる総武鉄道との合併は特筆され、この2路線は伊勢崎・日光線系統と合わせて、今でも東武鉄道の基幹路線になっています。

写真提供：東武博物館

鉄道王と呼ばれた東武鉄道黎明期の社長、初代根津嘉一郎人物伝

東武の創立から8年後、社長に就任したのが根津嘉一郎(初代)。鉄道王と呼ばれましたが、幅広い業種の経営に手腕を発揮する、オールマイティな実業家でした。

初期の東武の経営を立て直した救世主

　1897(明治30)年に創立し、1899(明治32)年に北千住~久喜間で営業を開始した東武鉄道。当初の経営は決して順風満帆ではありませんでした。都心側は吾妻橋(のちの業平橋)、北関東側は利根川の南岸に達したところで、それぞれ延伸がストップし、思うように収益が得られません。

　そんな状況を打開すべく、1905(明治38)年に社長に就任したのが、根津嘉一郎です。この人物は1860(万延元)年の生まれで、実家は山梨県の豪商。山梨県会議員や衆議院議員に当選する一方、株への投資で財力を蓄えていました。

　東武の経営に携わってからは、単に経営難から救うだけでなく、守りから攻めに転じ、大きな発展へとつなげていきます。

万力公園(山梨市)に立つ根津嘉一郎の銅像
写真提供:額田　厚

鉄道王・初代根津嘉一郎
写真提供・東武鉄道

鉄道王として東武鉄道繁栄の基盤を確立
その手法は現代も経営者のお手本

開業時の浅草駅。関東初の本格的なターミナルビルとして開業した　写真提供：東武鉄道

大鉄道へと発展する東武

　具体的には、利根川を渡る鉄橋を早急に建設し、繊維産業が盛んな両毛地域や、観光地日光へ路線を延伸します。また、都心側を浅草まで到達させ、ほかの鉄道の買収などにより、さらに路線網を拡大。バスの運行や常盤台での住宅分譲などの関連事業も手がけていきます。

　このように実力を発揮した根津嘉一郎ですが、彼は様々な企業の経営にあたっており、その一つが東武でした。鉄道に関しても、東武以外に高野登山鉄道（現・南海高野線）などいくつもの会社の経営に参画しています。その一方で、海外に散逸した美術品を収集したり、山梨県の学校にピアノを寄贈するなど、様々な形で社会への貢献も果たしました。

> **まめ蔵**　**浅草駅ビル**……起点となった浅草駅は、関東初の本格的なターミナルビルとして開業しました。開業当初から松屋が入っています。現在は、新たな商業施設「EKIMISE（エキミセ）」として営業しています。

5章　東武鉄道の歴史

東武鉄道の経営多角化に取り組んだ二代目根津嘉一郎人物伝

東武の地位を不動のものにした根津嘉一郎の後を継いで社長になったのが、二代目嘉一郎です。その任期は戦中、戦後の混乱期から平成に至るまで、54年も続きました。

初代から二代目への継承

根津嘉一郎(初代)は1940(昭和15)年に亡くなり、その翌年、長男の二代目嘉一郎(藤太郎から改名)が、27歳という若さで後を継いで社長に就任しました。親子それぞれの人望によるものでした。

しかし、二代目の時代になってからは戦争を経て環境が大きく変化しました。初代が進めた拡大路線から、**モータリゼーション**により採算が悪化した地方路線の大胆な整理をする一方、都心側での地下鉄との相互直通運転など、経営資源を効果的に投入していきます。その大胆な経営手法は初代に負けるとも劣らないものでした。

根津嘉一郎(二代目)が歴任した主な役職

東武鉄道の経営を軌道に乗せ、現在の東武グループの礎を築いた二代目根津嘉一郎氏は、多くの会社の会長、社長職を務める傍ら、財界や鉄道界の要職も務めました。

東武鉄道	社長・会長・相談役
東武百貨店	社長・会長・相談役
東北急行バス	社長
蔵王ロープウェイ	社長・相談役
池袋ターミナルビル(旧・池袋ターミナルホテル)	社長・会長・相談役
根津育英会	理事長・評議員
根津美術館	館長・理事長
富国生命保険	取締役・監査役
松屋	監査役・取締役
日本民営鉄道協会	会長・理事・顧問
関東鉄道協会	会長・理事
鉄道貨物協会	会長・理事・評議員
日本経済団体連合会	常任理事・評議員

初代根津嘉一郎の経営スピリッツを継承
卓抜した経営者の二代目嘉一郎

二代目根津嘉一郎　写真提供：東武鉄道

東武鉄道の看板車両「DRC」でくつろぐ二代目根津嘉一郎　写真提供：東武博物館

半世紀以上続いた社長の座

　二代目嘉一郎は、東武鉄道の看板車両「デラックスロマンスカー（DRC）」開発の陣頭指揮を執るとともに、蔵王や松島などの観光開発にも乗り出すなど、東武グループの礎を着々と築いていきます。また、鉄道輸送の近代化にも並々ならぬ熱意をもって取り組み、車両の更新、施設の近代化、線路の増設など急ピッチで進めていったのです。現在、大手私鉄の雄として君臨する東武鉄道の隆盛は二代目嘉一郎の力量によって実現したといっても過言ではありません。その卓抜した経営手腕は私鉄経営のお手本とされています。

　二代目根津嘉一郎は、1994（平成6）年に会長となるまで、実に半世紀以上にわたり社長の座に就いていました。この期間の長さは、鉄道会社において極めて異例です。堅実な経営を実践したからこそ、ということになるのでしょう。

> **まめ蔵**　モータリゼーション……深化する自動車社会を指します。長らく陸上交通の王者だった鉄道ですが、自動車の普及により多くの鉄道路線は不採算路線となっています。鉄道は様々な近代化を図り再生を果たしています。

合併と買収を繰り返して現在のネットワークが完成

営業距離日本2位の私鉄である東武の路線網は、全てを自社で建設したのではありません。時代の流れの中で、ほかの複数の鉄道を仲間に加えながら成長したのでした。

東武に仲間入りした大小複数の鉄道

　1899（明治32）年に開業した東武鉄道は、1910（明治43）年に浅草（現・とうきょうスカイツリー）～伊勢崎間の伊勢崎線ができあがりました。その後は自社による新線建設とともに、別の鉄道会社との合併や買収を展開していきます。

　具体的には佐野鉄道、太田軽便鉄道、東上鉄道、伊香保軌道線（東京電灯の路線を買収）、宇都宮石材軌道、上州鉄道、下野電気鉄道、越生鉄道、日光軌道、総武鉄道の各社が、1912～47（明治45～昭和22）年の間に合併あるいは買収されました。

　その中で、特筆すべきなのは東上鉄道です。社名は東京と上州を結ぶことを意味しているのですが、池袋を起点に坂戸まで到達したところで、1920（大正9）年に東武と合併しました。その後、1925（大正14）年までに寄居へ延伸したものの、上州までは開通していません。しかし、路線名は旧社名をとった東上線となり現在に至っています。また、東上線の坂戸駅を起点とする越生線は、1943（昭和18）年に越生鉄道を買収したものです。

戦時中に行われた大規模合併

　もう一つ、比較的距離の長い鉄道を合併したのが、総武鉄道です。これは1911（明治44）年開業の千葉県営軽便鉄道をルーツとし、紆余曲折を経て大宮～船橋間を営業していたのですが、1944（昭和19）年に東武と合併して野田線となりました。ちなみに、越生鉄道の買収および総武鉄道との合併は、**陸上交通事業調整法**によるものでした。こうして関東地方最大の路線網は着々と形成されていったのです。

　なお、軌道である伊香保軌道線、日光軌道は1960年代までに全廃されたほか、それ以外の鉄道線も一部は廃止されています。

合併・分社・買収沿革系統図

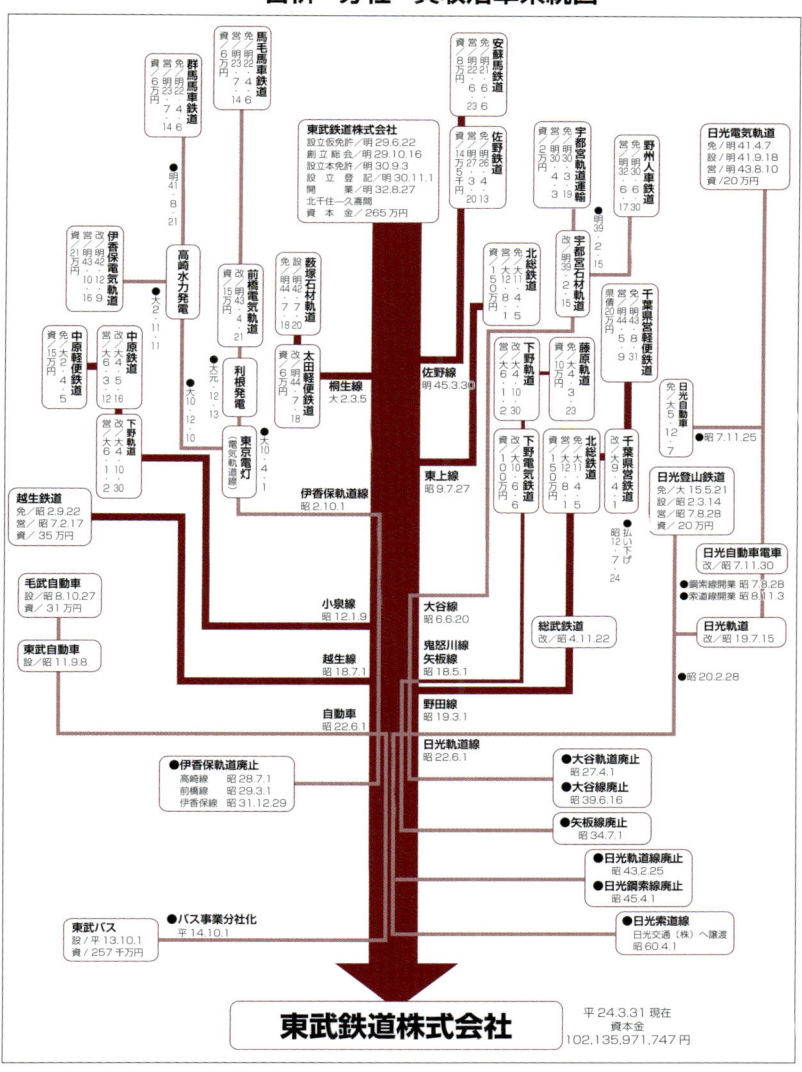

第5章 東武鉄道の歴史

東武鉄道株式会社
- 設立仮免許/明29.6.22
- 創立総会/明29.10.16
- 設立登記/明30.9.3
- 設立登記/明30.11.1
- 開業/明32.8.27
- 北千住－久喜間
- 資本金/265万円

主な系統（抜粋）

馬毛馬車鉄道 資/6万円 営/明23.22 7.4 14.6

群馬馬車鉄道 資/6万円 営/明23.22 7.4 14.6

安蘇馬車鉄道 免/明18.8.22 6.6 23.6

佐野鉄道 営/明27 14.22.9 3.4 20.13

宇都宮軌道運輸 営/明30.2 30.30 4.3 3.19

野州人車鉄道 営/明32.10 6.6 17.30

日光電気軌道 免/明41.4.7 設/明41.9.18 営/明43.8.10 資/20万円

伊香保電気軌道 資/21万円 営改/明43.42 10.12 16.9

高崎水力発電 明3.2 11.11

中原軽便鉄道 資/15万円 営/大4 大4.5 4.5

中原鉄道 資/15万円 改/大4.6 大4.5 12.16

前橋電気軌道 資/15万円 免/明43 4.4 18.20

薮塚石材軌道 免/大4.5 設/大4.4 営/明44.6.7 6万円

太田軽便鉄道 免/明44.4.4 営/大4.7 18

利根発電 大正 12.12.10

宇都宮石材軌道 改/明39 2.15

北総鉄道 免/大9 150万円 8.4.15

下野軌道 免/大4 6.1 4.10 1.30

藤原軌道 営/大7.6 4.4 10.23

千葉県営軽便鉄道 営/大4 44.5.8 9.31 譲渡20万円

日光自動車 設/大12 6.7

日光登山鉄道 免/大15.5.21 設/昭2.3.14 営/昭7.8.28 資/200万円

桐生線 大2.3.5

伊香保軌道線 昭2.10.1

佐野線 明45.3.30

東京電灯（栗橋軌道線）

下野電気鉄道 営/大4 100万円 6.1 4.10 1.30

北総鉄道 営/大9 150万円 8.4.15

千葉県営鉄道 大9.4.1

払い下げ 昭12.7.24

日光自動車電車 改/昭7.11.30
- 鋼索線開業 昭7.3.28
- 索道線開業 昭8.11.3

越生鉄道 免/昭2.9.22 営/昭7.2.17 資/35万円

毛武自動車 設/昭8.10.27 資/31万円

東武自動車 設/昭11.9.8

東上線 昭9.7.27

小泉線 昭12.1.9

大谷線 昭6.6.20

鬼怒川線 矢板線 昭18.5.1

越生線 昭18.7.1

自動車 昭22.6.1

総武鉄道 改/昭4.11.22

野田線 昭19.3.1

日光軌道線 昭22.6.1

日光軌道 改/昭19.7.15

● 昭20.2.28

●伊香保軌道廃止
- 高崎線 昭28.7.1
- 前橋線 昭29.3.1
- 伊香保線 昭31.12.29

●大谷軌道廃止 昭27.4.1
●大谷線廃止 昭39.6.16
●矢板線廃止 昭34.7.1
●日光軌道線廃止 昭43.2.25
●日光鋼索線廃止 昭45.4.1

東武バス 設/平13.10.1 資/257千万円

●バス事業分社化 平14.10.1

●日光索道線 日光交通（株）へ譲渡 昭60.4.1

東武鉄道株式会社
平24.3.31現在
資本金 102,135,971,747円

まめ蔵　陸上交通事業調整法……鉄道、軌道、路線バスの統合を促進し、経営改善と利便性向上を図ることを目的に、1938（昭和13）年に施行された法律。これにより、各地で私鉄の合併が行われました。

スイッチバックもあった東武の路面電車

特急電車や通勤電車が行き交うシーンからは想像できませんが、かつて東武には路面電車の路線もありました。それも東京ではなく北関東で営業し、風情も満点でした。

群馬県と栃木県に存在した路面電車

　東武は数々の鉄道を合併や買収で加えましたが、その中には路面電車の路線もありました。それは、1927（昭和2）年に東京電灯から買収した伊香保**軌道線**と、1947（昭和22）年に合併した日光軌道の日光軌道線です。

　そのうち伊香保軌道線は高崎線、前橋線、伊香保線の各線が渋川から3方向に延び、最盛期に合計50km近い路線長がありました。伊香保線は榛名山麓を通り、起伏の大きな地形にいくつものスイッチバックがあるのが名物でした。そんなユニークな伊香保軌道線でしたが、自動車の普及により1956（昭和31）年までに全線廃止に追い込まれます。

日光軌道線の100形　写真提供：花上嘉成

東武が経営した唯一の路面電車 一部の車両は岡山で現存

東武博物館に保存されている200形

200形は連接構造（1つの台車が2つの車両を支える構造）を採っていた

日光軌道線・日光鋼索鉄道線・日光普通索道線路線図 （1962年当時）

今も走る元日光軌道線の電車

　日光軌道線は、日光駅前（標高533m）を起点とする約10kmの路線で、終点の馬返駅は中禅寺湖まであと3kmというところで、その標高は838m、登山電車の感があります。

　この路線はもともと沿線で産出する銅関連の貨物輸送を目的に開業しましたが、奥日光を訪れる観光客でも賑わいました。しかし、1954（昭和29）年に第一いろは坂が開通後は観光客がバス利用へ移行します。そして、1965（昭和40）年に第二いろは坂が開通したことで、日光軌道線は完全に競争力を失い、その3年後に廃止されました。

　日光軌道線を走っていた電車のうち、100形は全10両が岡山電気軌道に譲渡され、現在も2両が健在です。うち1両は「日光軌道線復元号」として、当時の塗装がリバイバルされ人気を集めています。

> **まめ蔵　軌道線**……専用の線路を走る鉄道線に対し、道路上に敷設した線路（併用軌道）を走るものや、それに準じた規格の専用軌道の路線を、軌道線として区別しています。また、これを規定した法律が軌道法です。

東武にもケーブルカーがあったって本当?

普通鉄道と路面電車などの軌道に加え、かつて東武にはケーブルを使って車両を動かす鋼索鉄道もありました。それは、急な坂を登るケーブルカーで、奥日光への観光客を運び続けました。

奥日光への重要なアクセス手段

　日光の観光開発が本格化すると、奥日光へアクセスする交通手段が問題となりました。昭和初期の時点では、日光軌道線が中禅寺湖の東側約3kmのところまで運行していましたが、その先はあまりに地形が険しく、路線延長できずにいたのです。そのために道路を利用せざるを得なかったのですが、急な坂やカーブが多いうえに時間帯によって上りと下りを分ける一方通行で、不便を強いられていました。

　そこで、東武の出資で日光登山鉄道を設立のうえ、1932（昭和7）年に日光軌道線の終点である馬返駅と**明智平**駅の間1.2kmを結ぶケーブルカー路線を開業させました。

　こうして、日光方面の観光客輸送の要となるところを全て手中に収めたのも、初代根津嘉一郎の戦略によるものです。やがて日光が国際的に有名な観光地となり、東武の存在も揺るぎないものとなっていきます。

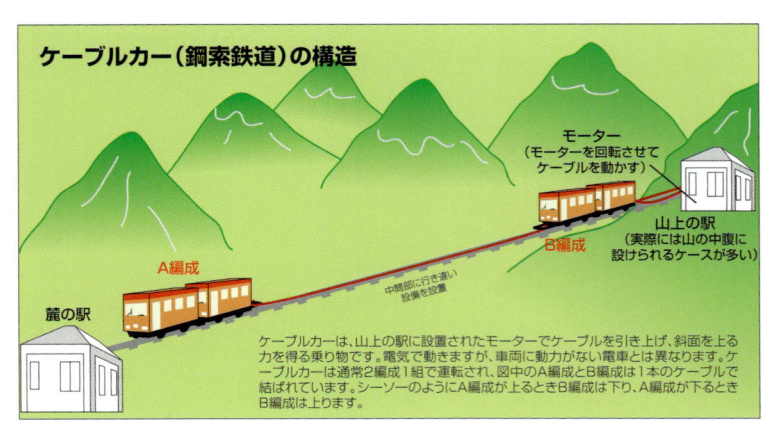

ケーブルカー（鋼索鉄道）の構造

モーター
（モーターを回転させてケーブルを動かす）

山上の駅
（実際には山の中腹に設けられるケースが多い）

B編成

A編成

麓の駅

中間部に行き違い設備を設置

ケーブルカーは、山上の駅に設置されたモーターでケーブルを引き上げ、斜面を上る力を得る乗り物です。電気で動きますが、車両に動力がない電車とは異なります。ケーブルカーは通常2編成1組で運転され、図中のA編成とB編成は1本のケーブルで結ばれています。シーソーのようにA編成が上るときB編成は下り、A編成が下るときB編成は上ります。

奥日光へのアクセス交通機関として活躍 早期廃止が惜しまれる観光路線

廃止直前の日光鋼索鉄道線。ケーブルカーはいろは坂の開通まで、重要なアクセス手段だった　写真提供：東武博物館（2枚とも）

自動車との競合で廃止へ

　日光登山鉄道は1945（昭和20）年に日光軌道と合併し、さらに2年後には東武と合併します。そして、ケーブルカー路線は東武日光鋼索鉄道線という名称になったのです。

　この路線にはケーブルで動く2両の車両があり、両者が麓側と頂上側を同時に発車し中間で行き違う、ケーブルカーの典型的なパターンで運転します。全線が急勾配で、車両はひな壇のような形状で、車窓からの眺望も素晴らしいものでした。戦後はこの車両を新車に入れ替えてイメージを新たにするのですが、第二いろは坂開通後や日光軌道線廃止後は利用需要が一気に減少。日光軌道線に続き1970（昭和45）年に廃止に追い込まれてしまったのです。

> **まめ蔵**　**明智平**……ケーブルカーの終点は、第二いろは坂終点の脇、明智平ロープウェイ（明智平～明智平展望台間）の駅の近くにありました。この路線の廃線跡は今も残っていて、明智平のパノラマレストハウス近くでも見ることができます。

第5章　東武鉄道の歴史

貨物輸送を担った往年の東武鉄道

現在は旅客営業のみの東武ですが、創業時から21世紀初頭までの長きにわたり、貨物営業も行われていました。けん引機の蒸気機関車や電気機関車の活躍も、歴史を語るうえで欠かせません。

活躍した蒸気機関車

　1899（明治32）年に東武鉄道の北千住～久喜間が最初に開業したとき、旅客と貨物の両方で営業が開始されました。非電化で開業したので、貨物列車は**蒸気機関車**けん引です。以来、東武の貨物輸送は長い歴史を歩みます。蒸気機関車は様々な形式が導入されますが、大部分はイギリスから輸入されたものでした。

　1924（大正13）年の浅草（現・とうきょうスカイツリー）～西新井間を皮切りに、電化が進められますが、貨物列車は引き続き蒸気機関車がけん引しました。昭和に入ってから電気機関車が導入されますが、貨物輸送の主力はしばらく蒸気機関車のまま推移します。

　本格的に電気機関車を貨物列車へ投入するのは、1950年代からです。1966（昭和41）年にようやく蒸気機関車が全廃となりました。

東武鉄道では長らく貨物輸送が実施されていた　写真提供：花上嘉成

大手私鉄最後の貨物列車

　東武では多くの路線で貨物輸送をしていました。特筆すべきなのは日光軌道線で、使用していた機関車は、国鉄の碓氷峠用の歯形のレールを噛み合わせて作った勾配を登るための歯車のついたアプト式電気機関車ED600形です。また、貨物取扱駅も各線に多数ありました。ちなみに、東京スカイツリータウン®は、かつて貨物の操車場があった跡地に立っています。

　貨物列車は様々なものを運びましたが、大きなウェイトを占めたのは、石灰石やセメントなどでした。1970年代には成田空港建設の砕石輸送も担当しています。貨物輸送のトラックへの移行が進むなか、東武は全国の大手私鉄で最も遅くまで貨物輸送が続けられました。しかし、それも2003（平成15）年に全て終了。「さようなら貨物列車」というヘッドマークを付けた最終列車が、有終の美を飾りました。

貨物主体で始まった東武鉄道の歴史
平成まで多くの機関車が活躍

東武博物館では、旅客列車や貨物輸送に活躍していたED101形を展示（左は東武博物館の花上名誉館長）

ED5010形。こちらも東武博物館で展示されている

まめ蔵　蒸気機関車……1966（昭和41）年の東武最後の蒸気機関車引退に際し、佐野線でイギリスのベイヤー・ピーコック社製の機関車による記念列車を運転しました。その際、東武には客車がないので、代わりに電車を連結しました。

5章　東武鉄道の歴史

かつて東武線内でも運転されていた荷物電車ってどんな電車?

鉄道というと旅客と貨物の輸送を思い浮かべますが、かつてはもう一つ、荷物輸送という役割も担い、東武鉄道においても専用の電車が活躍していました。

旅客用電車を改造した荷物電車

　トラックを使った宅配便が普及する以前、貨物列車を使うまでもないような、小口の荷物を送るため、多くの鉄道会社において荷物輸送を行っていました。もちろん、東武も例外ではありません。関東地方の広い路線網を活かし、荷物とともに郵便の輸送もしていました。現在、多くの通勤電車が行き交う東武各線ですが、わずか30年前まで1両だけの荷物電車が運転されていたのです。

　荷物や郵便の輸送には、いろいろな車両が使われましたが、1960年代半ば以降に主力となっていたのは**モニ1470形**です。これは、大正末期から昭和初頭にかけて製造された旧型電車、モハ1400形を1964～65（昭和39～40）年に荷物電車に改造したものです。旧型の旅客用電車を荷物用に改造するというパターンは、当時各地の鉄道に例がありました。

荷物輸送廃止後は西新井工場で入換車として使用されたモニ1473　写真提供：東武博物館

昭和末期に幕をおろした荷物輸送

　モニ1470形は5両が存在したほか、同様にモハ1400形を改造した郵便荷物車モユニ1490形も1両ありました。6両在籍していたモハ1400形は、こうして全車が改造されたのです。また、モハ1110形を郵便荷物車に改造したモユニ1190形、元下野電気鉄道の電車を改造したモニ1670形2両もあり、荷物車と郵便荷物車合わせて9両の布陣となったのでした。

　私鉄としては多い数の荷物電車および郵便荷物電車が活躍した東武ですが、やがて宅配便などにとって代わられていきます。そして、1970年代から徐々に運転路線を減らし、1976（昭和51）年時点ではモニ1470形3両のみと体制を縮小。末期は伊勢崎線および日光線で存続しましたが、それも、1983（昭和58）年をもって終了したのでした。同時に、荷物用の電車も惜しまれつつ運用から離脱しています。他の大手私鉄の荷物輸送の多くが昭和末期に終了しています。

改造車が多数活躍した荷物電車
昭和末期に惜しまれつつ全廃

荷物電車は宅配便などの勢力に押されて消滅した　写真提供：花上嘉成

> **まめ蔵　モニ1470形**……東武の荷物電車モニ1470形のうちの1両は、荷物輸送廃止後、西新井工場の構内入れ換え用として余生を送ります。貴重な戦前製電車だったのですが、2004（平成16）年に役目を終えました。

サロンルームにジュークボックス、スチュワーデスも乗務したDRC

流麗なボンネット・スタイルの特急電車、DRCこと1720系は、日本の鉄道史に残る名車中の名車。外観や性能だけでなく、車内設備もユニークかつ高度なものでした。

各社の特急電車が競い合った時代

　東武のデラックスロマンスカー（DRC）1720系は、1960（昭和35）年にデビューしました。高度経済成長のなか、東京オリンピック開催まであと4年というときのことです。

　そのころ、1957（昭和32）年に小田急の初代ロマンスカー3000形、1958（昭和33）年に国鉄の「こだま型」151系と近鉄の初代ビスタカー10000系と、次々に斬新な特急電車が登場しています。日本の鉄道史において、まさに革命ともいえる時期でした。これらの電車に対し、国際的観光地日光をひかえた東武に、満を持して登場したのが1720系というわけです。当時としては画期的な特急専用車両の登場に、東武沿線は大いに湧きたちました。1960（昭和35）年当時の鉄道各社には、戦前の車両が数多く残存していましたが、DRCは復興期から飛躍期を迎えていた日本の鉄道のエポックメーキング的な車両となり、首都圏の鉄道に計りしれない影響を与えていったのです。

1720系（DRC）のサロンルーム。高級ホテルのような内装は大好評を博した。右奥のジュークボックスは当時の最新鋭モデルが採用されている（車両カタログより）　写真提供：東武博物館

ホテルを思わせる豪華な内装が大人気
日本の鉄道を変えた素晴らしき車両

5章 東武鉄道の歴史

斬新なサービスが話題となったDRCのスチュワーデス　写真提供：東武博物館

私鉄では珍しいビュッフェが設置されたDRC
写真提供：東武博物館

外観や車内設備が最高レベルを誇っていたDRC　写真提供：RGG

最先端のサービスを提供

　1720系は格調高い外観デザインなのはもちろん、車内設備も最高レベルのものでした。座席は3段階にリクライニングする回転式でフットレストもあり、これは国鉄のグリーン車（当時は1等車）と同等です。編成は全電動車の6両で、軽食などを提供する**ビュッフェ**が2つあります。

　そして、最大の見どころだったのは4号車（東武日光側から4両目）の一角に設けられたサロンルーム。ゆったりと快適な椅子が8脚あり、レコードを演奏するジュークボックスもありました。また、外国人観光客に対応するため、英語を話せるスチュワーデス（アテンダント）を乗務させたのも、東武ならではのサービスです。トイレも当時としては珍しく、和式と洋式を設置していました。

　1974（昭和49）年のダイヤ改正から、浅草～東武日光間の所要時間は、最も速い列車で1時間41分という俊足で、東武のフラッグシップとして君臨した、名車1720系でした。

> **まめ蔵**　**ビュッフェ**……6両編成の1720系のうち2号車と5号車は、車内のデッキ側にビュッフェがありました。ビュッフェという設備自体、私鉄では珍しいものでしたが、それが編成に2つあるというところが、この電車の質の高さです。

167

歴代の車両塗色にはどんなものがあったの？

大鉄道である東武には、電車の種類も両数も多く、レールファンには大変興味深い存在です。そして、車両の塗装にも様々なものがあり、興味は尽きません。

時代とともに変遷する塗装

　東武の戦前の電車は茶色一色というのが標準でした。戦後になると様々なカラーリングが登場します。一般車では、1958（昭和33）年にオレンジにイエローの帯を付けた塗装が出現しますが、これは一時的なもので、本格的に普及する新塗装はロイヤルベージュとインターナショナルオレンジのツートンです。1961（昭和36）年に登場した地下鉄日比谷線直通の2000系が最初に採用し、その後ほかの車両にも普及しました。1974（昭和49）年からは、このツートンからセージクリーム単色という新たな塗装に移行し、一時は優等列車用以外、荷物電車も含め東武の電車は全てこの色になります。

　そして、1981（昭和56）年登場の9000系は銀色のステンレス車体にロイヤルマルーンの帯を巻き、これがステンレス車の標準カラーとなりました。8000系をはじめ鋼製車は1985（昭和60）年以降セージクリームから、ジャスミンホワイトにロイヤルブルーとリフレッシュブルーの帯という塗装に改められます。また、2005（平成18）年登場の50000系に始まる**アルミ車**は、無塗装の車体にオレンジのアクセントを付けています。

カラーリングの個性を競い合う優等列車

　優等列車では、1960（昭和35）年に登場した1720系デラックスロマンスカー（DRC）は、ロイヤルベージュとロイヤルマルーンのツートンで登場します。また、その前の1700系は同じツートンに白帯を加えたものでした。「りょうもう」の1800系はローズレッドにオパールホワイト帯という斬新なカラーを採用。そして、100系「スペーシア」、6050系では、ジャスミンホワイトにパープルルビーレッドとサニーコーラルの帯など、個性的なカラーの優等列車用電車が続々と登場していったのです。

高度経済期に導入が進んだオレンジ＋ベージュ
短命に終わったクリーム色

5章 東武鉄道の歴史

ロイヤルベージュとインターナショナルオレンジのツートンカラー　写真提供：東武博物館

一時期、優等列車以外の車両はセージクリームになった（7800系）　写真提供：RGG

現在のステンレス車両はロイヤルマルーンの帯を巻く（10000系）　写真提供：河野孝司

> **まめ蔵**　**アルミ車**……東武初のアルミ車体の電車は100系「スペーシア」でしたが、これは外板表面を塗装しています。初のアルミ車体無塗装となったのは50000型です。

169

混雑解消の切り札となった地下鉄との相互乗り入れ

広範囲な路線網を誇る東武において、基幹路線の一つである伊勢崎線の利便性を飛躍的に向上させたのは、地下鉄日比谷線との相互乗り入れ運転でした。

実現した伊勢崎線の都心乗り入れ

戦後の東武沿線は宅地開発が進み、沿線人口も増加の一途をたどりますが、通勤輸送を担ううえで、伊勢崎線においては起点が浅草駅で、都心部に直通していないことがネックでした。過去には都心方面への路線延長を構想したこともありましたが、実現していません。

そんな東武にとっての悲願ともいえる都心乗り入れは、1962（昭和37）年に実現します。それは自社の新線開業ではなく、営団地下鉄（現・東京メトロ）**日比谷線**との相互乗り入れという方法でした。同線は北千住から都心を縦断し、東急東横線の中目黒駅へ至る路線です。

営団地下鉄（現・東京メトロ）との相互乗り入れにより、日比谷線の電車も東武線内で見られるようになった。写真は1970年代の3000系（営団地下鉄）　写真提供：RGG

さらなる利便性向上

　今では私鉄と地下鉄の相互乗り入れは全国各地で行われていますが、営団地下鉄での実施は日比谷線が最初でした。東武では、この乗り入れのための新型車2000系を投入しています。日比谷線は東急東横線とも乗り入れを始めますが、東武の電車の乗り入れは中目黒までです。

　乗り入れ開始で便利になり、伊勢崎線の沿線人口はさらに増加します。そのため、伊勢崎線の複々線化が進められるとともに、当初は日比谷線に直通する列車は6両編成で運転していたものが、1971（昭和46）年に8両になりました。

　そして、2003（平成15）年には押上～曳舟間を開業のうえ、伊勢崎線（東武スカイツリーライン）と営団地下鉄半蔵門線との相互乗り入れを開始。今度は東武の電車が半蔵門線の反対側の乗り入れ相手である、東急田園都市線の中央林間駅まで走っています。合わせて東急の電車も伊勢崎線久喜および日光線南栗橋まで乗り入れています。

日比谷線と伊勢崎線の相互直通運転開始20周年を記念して発行された記念乗車券

高度経済成長時代の輸送量激増により8両運転を開始

　1971（昭和46）年、日比谷線および同線に直通する列車が8両化されました。その際、東武では駅のホーム延伸や線路改良、変電所増設、2000系電車40両の増備などを実施しています。これは当時としては大変画期的な長編成化です。

　もちろん、日比谷線乗り入れ以外でも東武の長編成化は進められており、1976（昭和51）年には東上線で東武初の10両運転を開始しました。伊勢崎線は少し後となりますが、1986（昭和61）年から10両運転を行っています。

1971年には輸送力増強のために、日比谷線乗り入れ用の2000系が8両化されている　写真提供：RGG

> **まめ蔵**　**日比谷線**……営団地下鉄（現・東京メトロ）日比谷線は東武スカイツリーライン（伊勢崎線）および東急東横線に乗り入れる路線です。東京における初の3社相互乗り入れとなりました。

5章　東武鉄道の歴史

車内設備の改善、駅施設の改修など たゆまぬサービスアップを続ける東武鉄道

日本屈指の規模を誇る私鉄、東武鉄道にとって、利用者に高いレベルのサービスを提供するのは重要なテーマ。この分野に完成というものはなく、常に進化を続けています。

人にやさしい電車を目指して

　時代の流れとともに国民の生活水準が向上し、鉄道車両の車内設備も改良され続けてきました。「戦後」と呼ばれた時代には考えられなかった通勤電車の冷房化も、当たり前のものとなって久しいです。

　近年は窓に日射による熱や紫外線を吸収するガラスも採用し、快適さをアップ。また、弱冷房車や女性専用車を設定するというのも、快適な空間を提供する姿勢の証しです。さらにドアチャイムや扉開閉予告灯を設置するほか、乗降口の視認性を向上させるために、床面および掴み棒に黄色の識別色を採用したりしています。

冷房付きホーム待合室　写真提供：東武鉄道

運行情報案内表示器　写真提供：河野孝司

ドア開口部の床の識別（50000系）
写真提供：東武鉄道

駅も快適な空間へ

改良は車両だけではなく、駅の設備でも進められています。ホームやコンコースで電車の行先や発車時刻を自動で表示する列車発車案内表示器は99駅に設置済みです（2012／平成24年3月末現在、以下同）。また、遅延などを知らせる運行情報案内表示器は120駅、音声コンピューターで案内放送をする自動放送装置は139駅にあります。他社との乗り入れ運転が多くなっているので、これら案内関係の設備は、大変重要です。

さらに主要駅における観光などの案内を目的にウォークインカウンターを13駅に設置しています。なお、浅草、とうきょうスカイツリー、池袋の各駅では、**ステーションコンシェルジュ**による案内も併せて行われています。

駅の全面禁煙は2003（平成15）年から実施していますが、さらに電車を待つ間も快適に過ごせるよう、19の駅に冷暖房付きホーム待合室が設置してあります。また、利用者が心室細動を生じたときに救護する、AED（自動体外式除細動器）は、無人駅を除く全173駅へ設置しました。

バリアフリー化のための各種施策と合わせ、誰もが快適に利用できる駅を目指し、さらに改良を続けていきます。

ウォークインカウンターを13駅に配置

近年は多くの駅にエレベーターやエスカレーターが設置されている　写真提供：河野孝司

日本の民鉄で最も長い複々線区間

1974（昭和49）年、伊勢崎線（東武スカイツリーライン）北千住〜竹ノ塚間を東武で最初に複々線化しました。その後、1988（昭和63）年に竹ノ塚〜草加間、1997（平成9）年に草加〜越谷間、そして2001（平成13）年に越谷〜北越谷間を加え、複々線区間は日本の民鉄で最長の18.9kmとなっています。この区間では、内側の2線が普通、外側の2線が区間準急以上という使い分けをしています。ちなみに、2番目に長いのは京阪電鉄の寝屋川信号場〜天満橋間です。

日本民鉄最長の複々線区間

まめ蔵 **ステーションコンシェルジュ**……浅草駅、とうきょうスカイツリー駅、池袋駅などで鉄道利用案内や沿線地域の観光案内を行っています。的確でわかりやすい案内が利用者に好評です。

6章

東武鉄道トリビア

6章 東武鉄道トリビア

©東武ワールドスクウェア

東武鉄道やグループ会社では、多彩なサービスを展開しています。東武動物公園や東武ワールドスクウェアなどのレジャー施設や、生活に密着した巨大デパートの東武百貨店も運営しています。また、幻の路線や貨物列車などの貴重な情報も盛りだくさん。ここでは、知って驚く東武鉄道のユニークな歴史やエピソードを、一挙に大公開します。

写真提供：東武レジャー企画

東上線と都営三田線に相互直通運転構想があったって本当?

東京メトロ有楽町線および副都心線との相互直通運転をし、ますます便利になっている東上線。実は過去に別の地下鉄路線と直通運転するという構想がありました。

池袋を通らない東上線バイパスの構想

　東京都営地下鉄三田線（開業時の名称は都営6号線）は、1968（昭和43）年から1976（昭和51）年にかけ、三田〜西高島平間が開業しました。東武とは接続していないこの路線ですが、当初は東上線と直通運転をするという構想がありました。その内容は、東武が東上線大和町（現・和光市）から志村（現・**高島平**）までの連絡線を建設し、そこを経由して電車を運転することで、東上線から都心方面へのバイパスの役割を持たせようというものです。

　そのため、三田線の軌間は先に開業していた都営浅草線（当時の名称は都営1号線）と異なり、東武と同じ1,067mmを採用しています。

当初は東上線に乗り入れる予定だった都営三田線。都営6000形（写真）はどことなく、東武8000系に似ている？　写真提供：RGG

城北地域の交通体系を一変させる構想
迂回ルートがあだとなり幻に終わる

東京都交通局三田線の終着駅・西高島平。かつては、この辺りから和光市方面への延伸計画があった。仮に現在、再度延伸案が俎上に上がったとしても、駅西部には首都高速の高架橋が立ちはだかり、計画を進めるのはかなり難しそうだ

東京都内でも最大級の住宅団地である高島平団地。三田線と東上線との直通運転が実現していたら、人の流れや街並みも大きく異なっていただろう

見直された計画

　都営三田線との乗り入れが実現するかと思われたのですが、この構想は暗礁に乗り上げます。東上線との乗り入れは、このルートでは遠回りとなり、バイパスとして機能できないことが懸念されたのです。

　このような経緯から、三田線と東武との直通運転は幻に終わりました。そして、三田線は長く乗り入れ相手のない路線でしたが、2000（平成12）年に目黒まで延長のうえ、東急目黒線との乗り入れを開始。その一方で東上線は、東京メトロ有楽町線および副都心線と乗り入れをすることになり、現在に至ります。

> **まめ蔵　高島平**……都営地下鉄三田線の高島平駅は高架にあり、車庫（志村車両検修場）が隣接しています。ホームは方向別の2面4線なのですが、これは東上線との直通運転の際の接続駅になることを想定したため、ともいわれています。

6章 東武鉄道トリビア

伊勢崎線と東上線を結ぶ路線の計画ってどんなものだったの？

東武全線で最短距離、わずか1.0kmの盲腸線である大師線。西新井大師への参拝者が利用することで知られるこの路線には、意外な歴史があります。

2つの路線を結ぶ画期的な計画

　1920（大正9）年に合併により東武入りした東上線は、伊勢崎線とは接続していません。この2つの路線がつながっていれば、と思う人も多いことでしょうが、実は過去にその計画がありました。伊勢崎線（東武スカイツリーライン）の西新井と東上線の上板橋の間11.6kmを結ぶ、西板線を新設しようというもので、実現すれば、業務上の指令、運用の一本化など、経営合理化につながるとともに、沿線の活性化や利用者の利便が図れると期待が集まり、1924（大正13）年に免許状が交付されたのです。

2両編成の電車が運転されている大師線の西新井〜大師前間は、西板線の一部として開業した（大師前駅）

両幹線系を結ぶ未成線
実現すれば東武全路線が地続きに

西板線計画図

師前のホームから上板橋方面を望む

運命が変わった大師線

　しかし、実際には西新井～大師前間1.1kmが1931（昭和6）年に開業し、これが現在の**大師線**となっているだけで、残りの区間は建設されませんでした。その理由には、関東大震災の復興都市計画で経路変更が必要になったこと、途中で荒川放水路や隅田川を渡る橋梁建設、国鉄や主要道路との交差が容易でないことなどがあります。

　しかし、もしも西板線が全通していたら、構想だけで終わった都営三田線と東武の乗り入れが、この路線を経由して実現したかもしれません。

　現在は大師線は伊勢崎線との直通運転はなく、2両編成の電車がひと駅間（現在の駅間は1.0km）を往復するだけの、「都会の中のローカル線」となっています。

> **まめ蔵　大師線**……大師線は戦災により運転を休止し、終戦後に再開したものの環七通り建設の障害となり、一時は廃止も検討されます。しかし、地元で廃止反対運動が起こり、大師前駅を移転することで路線は存続しました。

6章　東武鉄道トリビア

戦時中、軍需工場のために建設された東武熊谷線

東武鉄道で最後まで非電化で、ほかの路線から孤立した異色の熊谷線。同線には小泉線とつなぐ計画もありましたが、実現しないまま廃止されています。

軍事路線として建設

　第二次大戦中、東武鉄道は軍から新線建設の強い要望を受けました。それは、当時小泉線の終点西小泉から利根川の畔まで延びていた貨物線、仙石河岸線の途中から分岐し、高崎線の熊谷に至るというものです。

　この地域には軍需工場が多く、さらに新設や拡張も進んでいました。そこで、通勤者や資材の輸送のため、この新線を設けようというのが狙いです。1942（昭和17）年に免許申請が認可され、計画された13kmのうち熊谷から利根川南岸の妻沼に至る10.1kmが第1期工事として着工。そのころ戦況は悪化し、軍から工事を急ぐように命じられ、線路の資材は複線だった**日光線**の一部を**単線化**して確保しました。

熊谷線は第二次大戦中に、軍の要請で敷かれた路線だった　写真提供：河野孝司

果たせなかった全通

　熊谷～妻沼間は1943（昭和18）年に非電化で開業し、蒸気機関車による運転を開始します。しかし、妻沼から先は利根川を渡らなければならず、橋梁建設の資材が確保できず工事はなかなか進みません。完成前に終戦を迎えたのち、橋台と橋脚の建設だけは治水の関係から続きましたが、それ以外の工事は完全にストップしました。

　1954（昭和29）年には熊谷線熊谷～妻沼間に気動車が導入されますが、残りの区間の工事は依然中断され、1974（昭和49）年に未完区間が免許取り下げられました。熊谷線はほかの東武の路線から孤立した異色の存在でしたが、このような歴史をたどってきたのです。そして、営業収支は低調に推移したまま、1983（昭和58）年に廃止されました。

全線開通には至らなかった飛び地線
幻に終わった東武熊谷ターミナル構想

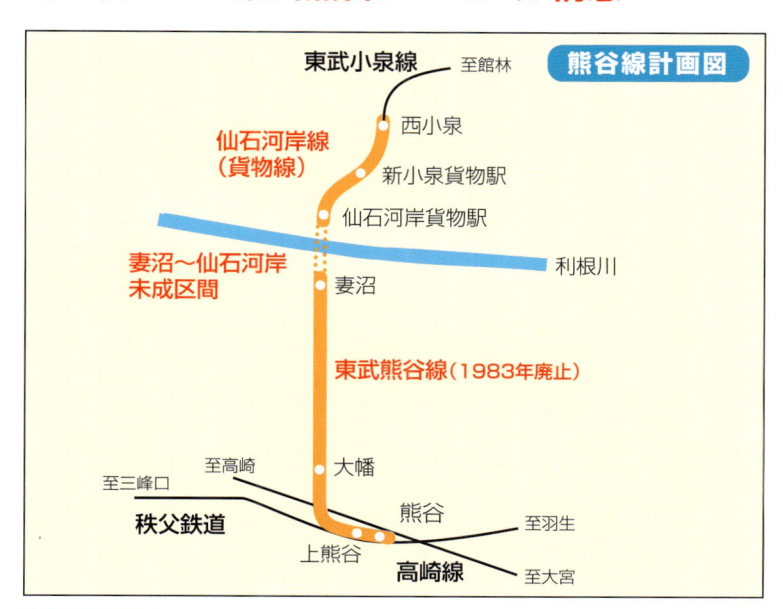

熊谷線計画図

- 東武小泉線（至館林）
- 西小泉
- 仙石河岸線（貨物線）
- 新小泉貨物駅
- 仙石河岸貨物駅
- 妻沼～仙石河岸 未成区間
- 利根川
- 妻沼
- 東武熊谷線（1983年廃止）
- 至高崎
- 大幡
- 至三峰口
- 熊谷
- 至羽生
- 秩父鉄道
- 上熊谷
- 高崎線
- 至大宮

> **まめ蔵　日光線の単線化**……熊谷線建設に際し日光線合戦場～日光間44.5kmを複線から単線化、その資材を熊谷線に転用しました。その区間が再び全て複線になるのは、1973（昭和48）年のことでした。

北関東の山中に東武の貨物線があったのはなぜ？

東武鉄道ではかつて貨物輸送もしており、旅客営業をしない貨物専用の路線もありました。そのひとつが、佐野線の先に延びていた会沢線です。

鉱石輸送のための鉄道

　東武の北関東地方に張り巡らされた路線網の中、佐野線の葛生駅で路線が途切れています。しかし、かつてはその先にも路線が続いていました。それは貨物専用の会沢線です。

　この地域で採掘される石灰石やドロマイトの輸送を目的とした路線で、最初は人力車で営業していたものが、1925（大正14）年に蒸気機関車による鉄道になりました。会沢線の終点は第三会沢駅で、当初は途中に築地、第一会沢、第二会沢の3駅があり、いずれも旅客営業はしていません。営業距離は4.4kmで、その後第三会沢駅の移転で若干長さが変わります。

東武鉄道には旅客輸送をしない貨物専用の路線があった

平成まで営業した鉱石輸送の貨物線
近年は廃線跡めぐりが注目を集める

1986（昭和61）年ごろの第三会沢駅付近　写真提供：東武博物館

今も残る廃線跡

　1928（昭和3）年には葛生と築地の間に上白石駅が追加され、そこがジャンクションとなり、翌年には貨物専用に大叶線（上白石〜大叶間）が開業します。また、戦後には近くに日鉄鉱業葛生鉱業所が開設され、その貨物を運搬する**羽鶴線**（日鉄鉱業専用線）も、上白石を起点に敷設されました。

　そして、1966（昭和41）年に会沢線は電化され、蒸気機関車から電気機関車に交代。ちなみに、大叶線も同時に電化されています。

　こうして近代化されたものの、やがて貨物輸送はトラックに移行していくのでした。そして、1986（昭和61）年に上白石〜第三会沢間が大叶線とともに廃止され、残った葛生〜上白石間も1997（平成9）年をもって終焉を迎えました。

　廃止から月日が流れましたが、現在も会沢線の遺構は多く残っていて、往年の貨物輸送の活況ぶりを偲ぶことができます。

> **まめ蔵**　**羽鶴線**……日鉄鉱業専用線（延長6.2km）のことです。1991（平成3）年に廃止されるまで非電化でした。梅小路蒸気機関車館の1070形1080号機は、この路線で使われたものです。

東武の企画乗車券・お得な切符にはどんな種類のものがあるの?

東武では、行楽で利用するのに便利でお得な切符も取り揃えています。種類がたくさんあるので、自分のコースに合ったものをじっくりと選びたいものです。

日光・鬼怒川観光の魅力的な切符

　東武鉄道は東日本の私鉄で最大規模の路線網を持つのにふさわしく、便利でお得な切符の数々を用意しています。その中でまず紹介するのは、観光地日光・鬼怒川方面のもの。「まるごと日光・鬼怒川 東武フリーパス」「まるごと日光 東武フリーパス」「まるごと鬼怒川 東武フリーパス」は、それぞれの名称のエリア内で東武の電車とバス（「日光・鬼怒川」と「鬼怒川」は野岩鉄道の一部を含む）が4日間乗り放題です。

おトクきっぷのホームページ画面

各エリアに設定した切符の数々

逆に東武沿線を発駅とし、都内にフリーエリアを設定したのが「東京スカイツリー®周辺散策フリーきっぷ」と「浅草下町フリーきっぷ」です。前者は北千住〜浅草・押上間と曳舟〜亀戸間、後者はこれに台東区循環バス「めぐりん」を加えた範囲の1日乗り放題と、発駅からの往復が含まれます。

ほかにも、「ふらっと両毛　東武フリーパス」「小江戸川越クーポン」「おごせ散策きっぷ」「東上線サイクリングクーポン」「東上線　日光・鬼怒川リレーきっぷ」「東武東京メトロパス」「東上東京メトロパス」もあります。

以上は、それぞれ指定の範囲の駅で発売していますが（発売期間を限定したものもあるので注意）、さらに**東武トラベル**においても数々のお得な切符が用意されています。

利用者目線でお得な切符を続々開発
使い方次第で様々な可能性が広がる

ガイドブックとしての役割を持つ、東武鉄道のおトクきっぷのパンフレット

まめ蔵　東武トラベル……東武グループの旅行会社で、個人・団体の国内および海外の各種旅行商品を取り扱っています。北海道から九州までの広い範囲に店舗を設けているほか、インターネット専用のメディア支店もあります。

東上線から日光線へ直通する列車があったって本当?

西板線の計画が実現せず、離れ離れのままとなった東上線と伊勢崎線・日光線。ほとんど知られていませんが、過去に両者を直通する列車が運転されたことがあります。

団体を募集して運転した臨時列車

東上線から秩父鉄道、伊勢崎線、日光線を経由して東武日光・鬼怒川公園まで直通するという、レールファンにとって夢のような列車が、かつて走ったことがあります。それは、1967（昭和42）年9月に運転された団体専用列車です。

「直通快速列車で東上線から日光鬼怒川路一泊旅行」という企画商品を同年7月に発表し、9月5日から7日の各日に1本ずつ出発し、それぞれ翌日に戻りました。参加者の出発地で三班構成とし、1班が池袋〜中板橋間、2班がときわ台〜志木間、3班が鶴瀬〜東松山間で、各班とも募集定員500人がすぐに満員になったそうです。

使用した車両は当時の新鋭車両6000系6両編成。セミクロスシートの長距離・観光型車両で乗り換えせずに日光まで行けることが、いかに魅力的だったかを物語っています。

池袋に停車中の6000系。1968（昭和43）年8月運転の様子
写真提供：東武博物館

大胆なルート設定、旗道228.5kmのロングラン

　列車の時刻は9月5日の往路の場合、池袋発が6時20分で、寄居〜羽生間は**秩父鉄道**を通り、さらに杉戸（現・東武動物公園）を経由し、東武日光着は11時32分です。到着後はバスで中禅寺湖見学ののち、鬼怒川温泉に宿泊。翌日は東照宮を参拝してから東武日光駅へ出て、復路の電車に乗りました。

　この画期的ともいえる臨時列車、翌年8月にも運転されましたが、それが最後となっています。

　しかし、もし今同じルートのイベント列車を運転したら、大人気となるに違いありません。いつかまた、実現させて欲しいものです。

池袋〜東武日光・鬼怒川公園直通列車
片道5時間の道のりも新車の魅力でカバー

東上線から日光線へ直通した列車の運行経路

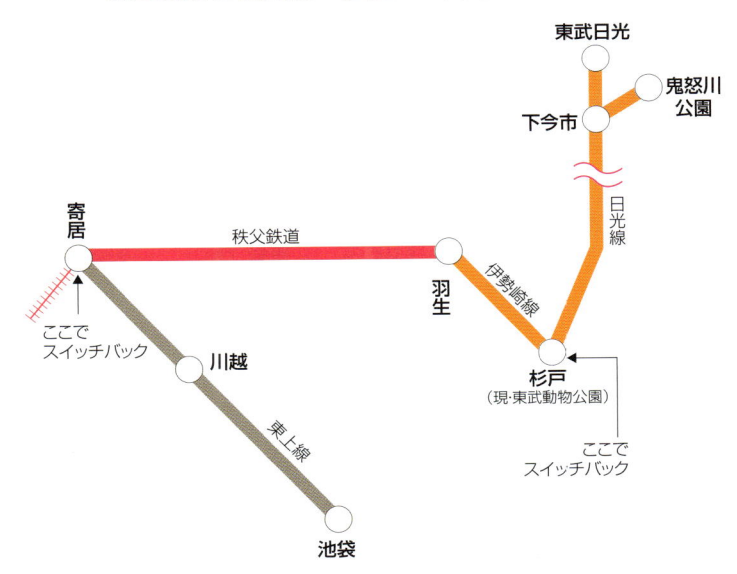

> **まめ蔵　秩父鉄道**……東上線から秩父鉄道へ直通する臨時列車は過去に多く設定されました。また、現在も東上線の電車が南栗橋工場で検査を受ける際の回送は、秩父鉄道を経由します。

多彩なラインアップが揃った東武オリジナル鉄道グッズ

東武グループの企業で、駅構内の売店やコンビニ、車内販売などを行う東武商事では、オリジナルの東武グッズの数々を発売し、ファンの注目を集めています。

東武ファン注目のアイテム

　東武商事で販売している商品で、絶対に見逃せないのが鉄道グッズ。そのラインアップは、「えんぴつセット（6本）」「消しゴムセット（3個）」「電車見取り図ファイル」などのステーショナリーグッズをはじめ、キーホルダー・ストラップなど、多岐にわたります。東武ファン垂涎のアイテム「鉄道コレクション」の東武商事限定モデルも人気です。

　「鉄道コレクション」は、（株）トミーテックから発売されている鉄道車両のディスプレイモデル（展示用模型）で、Nゲージに準拠した規格であり、別売りパーツによって簡単にNゲージ車両に改造できます。毎年南栗橋車両管区で行われる「東武ファンフェスタ」では2009（平成21）年から先行発売が実施され、先行販売分は毎回完売しています。その後の一般販売でも短期間で完売。東武ファンの間では毎年どの車両が製品化されるかが話題となっています（完売につき現在は販売されていません）。東武商事オリジナルグッズは東武商事運営のネット通販「東武マーケット」でも購入可能です（http://www.tobushoji.jp/）。

　特急「スペーシア」・展望列車634型「スカイツリートレイン」の車内販売も東武商事が担当し、オリジナル商品の数々があります。

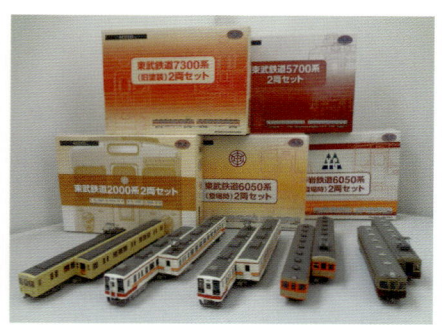

写真提供：東武商事

製品化された鉄道コレクション

2009年発売	東武鉄道5700系2両セット（12,000個限定）
2010年発売	東武鉄道7300系2両セット（12,000個限定）
2011年発売	東武鉄道6050系2両セット（9,000個限定）
	野岩鉄道6050系2両セット（5,000個限定）
2012年発売	東武鉄道2000系2両セット（12,000個限定）

※完売につき現在は販売しておりません。

大人から子どもまで幅広い層に人気!! 東武電車コレクターズアイテム

展望列車634型「スカイツリートレイン」の車内販売にて販売している商品

ミニタオル	400円
ピンズ2個セット	450円
A4クリアファイル	280円
スティックキーホルダー	各380円
ラバーキーホルダー	各500円
タッチアンドゴー	600円

（全て税込表示）

写真提供：東武商事

車内販売アイテムにも注目！

　ワンコインでおつりがくるスペーシアキーホルダー「粋」「雅」「サニーコーラルオレンジ」の3色をはじめとする特急スペーシアモチーフデザインを含む電車グッズをはじめ、自社開発している東京スカイツリー®のお土産も販売しています。

　これらの商品はワゴン販売のほか、特急「スペーシア」内では3号車の販売カウンターでも買うことができます。もちろん、観光列車にかかせない東武商事オリジナルを含むお弁当や飲み物なども販売しています。なお、これらの商品を取り扱っているのは、浅草駅を発着する特急「スペーシア」、展望列車634型「スカイツリートレイン」の一部を除く列車です。

鉄道利用者にやさしい書店

　首都圏に32店舗を展開する東武ブックスは、主に書籍や雑誌を扱っており、地域文化の担い手となっています。店舗の多くは東武鉄道の駅構内に出店されており、駅の利用者が気軽に利用できる立地を確保しています。東武ブックスは営業時間が長いことで知られていますが、地域の特性に合わせた独自の品揃えにも定評があります。東京スカイツリー®や東武鉄道などの刊行物も積極的に揃えており、地域住民にも好評です。

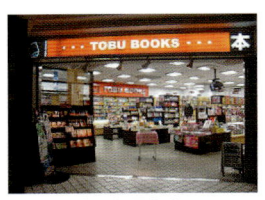

改札外にある朝霞台店

まめ蔵　東武商事……東武商事では駅売店「ACCESS TOBU」100店舗やコンビニ「ファミリーマート」18店舗のほか、東京ソラマチ®に「空の小町」「One Two Tree! with ranking ranQueen」を展開しています。

6章　東武鉄道トリビア

世界の遺跡や建築物を再現した 東武ワールドスクウェア

日光・鬼怒川は国際的な観光地ですが、世界中の名所・旧跡が一堂に会した、ひじょうにユニークなテーマパークもあります。その名は東武ワールドスクウェアです。

世界中の有名建築物が大集合

　東武ワールドスクウェアは1993（平成5）年にオープンしました。その目的は「人類の貴重な遺産である世界の有名建築物を後世に残す」というもので、敷地内には縮尺25分の1で精巧に再現しています。完成までに5年もの歳月をかけました。現在展示している建築物は102点です。

　その建築物のうちの45点は、ユネスコの**世界遺産**に登録されたもので、アメリカの自由の女神、エジプトのピラミッド、フランスのヴェルサイユ宮殿などが並んでいます。東京スカイツリー®は、実物より2年早く、ここ東武ワールドスクウェアに完成しました。また、このほど開業時の姿が復元されて話題の東京駅の駅舎も、東武ワールドスクウェアにあります。

実物より早くお目見えした東京スカイツリー®　©東武ワールドスクウェア

開園20周年を迎える東武ワールドスクウェア
鉄道模型の展示も充実！

「西遊記」のワンシーン　©東武ワールドスクウェア

カトリックの総本山の「サン・ピエトロ大聖堂」　©東武ワールドスクウェア

スフィンクスも25分の1のスケールで楽しめる　©東武ワールドスクウェア

25分の1の世界を走る鉄道

　再現したのは建築物だけではありません。同じ縮尺25分の1の「人」も住んでいます。その数はなんと14万人。精巧に作られた人形で、一人一人が個性ある表情をしているので、これも要注目です。

　そして、鉄道好きの人にとって絶対見逃せないのは鉄道模型。「スペーシア」をはじめとした東武の電車はもちろん、新幹線なども含めた様々な列車が走っています。

　ほかに、2万本の盆栽があり四季それぞれの景色が楽しめる庭園、5つのレストラン（ほかに団体用の食事施設も）、2つのショップ（それぞれ各国の民芸品、日光の名産品などを販売）など、各種施設も充実しています。アクセスは鬼怒川温泉駅からバス5分、小佐越駅から徒歩8分。日光や鬼怒川と合わせて訪ねられる、大変魅力的な観光スポットです。

営業日	年中無休	
営業時間	9：00～17：00	
	(ただし12／1～3／19は9：30～16：00)	
入園料	大人（中学生以上）	2,500円
	小人（4歳以上）	1,200円

まめ蔵　**世界遺産**……日本でも数々の建築物が世界遺産に指定されています。その中で、東武ワールドスクウェアは法隆寺、鹿苑寺金閣（金閣寺）、慈照寺銀閣（銀閣寺）、岐阜・合掌造りの民家など13の建築物が再現されています。

楽しい脚だめし
「外秩父七峰縦走ハイキング大会」

自然を満喫できるハイキングは、体と精神の健康に大変効果的です。これを景色の抜群なコースにおいて、みんなで楽しもうという大会が、毎年開催されています。

毎年恒例のハイキング大会

　沿線に有数のハイキングコースがある東上線のハイキング大会の一つ「外秩父七峰縦走ハイキング大会」は毎年4月に開催されます。名前にある七峰とは、官ノ倉山、笠山、堂平山、剣ヶ峰、大霧山、皇鈴山、登谷山の7つの山を指し、東上線小川町駅をスタートし東上線寄居駅まで、フルマラソンと同じ約42kmのコースです。競技会ではなく、楽しく歩くことを狙いとしているのがポイントで、参加費は無料です。

　2012（平成24）年で第27回を迎え、約5,000人が参加、約3,000人の方が完歩されています。

人気のハイキング大会に参加して運動不足を解消　写真提供：東武鉄道

安心して歩けるコース

　実はこのコース、ハイカーはいつでも手軽に自分の脚力を自分で判断できるように設定されています。

　長いコースなのですが、小川町駅と白石車庫を結ぶ路線バスが近くを通っているので、途中で疲れて「これ以上は難しい」と感じたら、下山してバスで帰ることもOKです。また、途中には**秩父高原牧場**、あずま屋のある皇鈴山、春には花が咲き夏の終わりから「観光ぶどう園」を開く萩平、展望台のある中間平緑地公園といった行楽地もあるので、楽しいハイキングとなります。

　コースは大会開催日以外でも歩くことができます。無料のコース地図は、小川町駅、池袋東武百貨店8階の山用品売場、東武トラベルの池袋駅・上板橋駅・成増駅・志木駅・川越駅の各支店で配布しています。万一ということもあるので、必ず地図を持ってハイキングを楽しみたいものです。

5,000人が参加する人気イベントに成長
ホームページではハイキングコースを掲載

外秩父七峰縦走ハイキング大会のコース（2013年の場合）

> **まめ蔵　秩父高原牧場**……埼玉県の施設で別名は「彩の国ふれあい牧場」。乳牛、肉牛、羊を飼育し、季節によりいろいろなイベントも開催。4〜11月の土・日・祝日には乳製品や地元の野菜などを販売する直売所も開きます。

6章　東武鉄道トリビア

巨大デパート「東武百貨店池袋店」の歩き方

池袋は東武東上線、JR山手線、西武池袋線、そして東京メトロ丸ノ内、有楽町、副都心の各線が接続するターミナル。そこに構える東武百貨店のプロフィールを見てみましょう。

規模拡大を続けた店舗

　東武グループの東武百貨店には小型店を含めて5つの店舗があります。東上線の起点にある池袋店は、1962（昭和37）年にオープンしました。池袋におけるデパートの5番手だったのですが、2年後には東急グループの東横百貨店池袋店（1万3798㎡）を買収、これを別館として、その後の拡大発展の契機となりました。これにより、売場面積は3万1295㎡となり、都内では9番目の売場面積となりました。

　その後、増改築やリニューアルを繰り返し、現在は地下2階、地上15階、売場面積8万2963㎡という規模になっています。

池袋駅の西側にある東武百貨店　写真提供：東武百貨店

50周年を迎えたターミナル百貨店

　日本最大級の売場面積を持つ東武百貨店池袋店は、ファッションからグルメ、サービスまで、幅広いラインアップを揃えています。

　ワンフロアの面積も大変広く、端から端までなんと約300メートル。初めて行く人は目的の売場にたどりつけるか不安に思うかもしれません。そこで便利なのが「番地表示」。各階を大塚側から目白側に向かって順に、1～11の番地に区分しています。たとえば書籍は「7階9～11番地」に、レールファンにとって見逃せない鉄道模型売場は「7階8番地」にあります。

　東武百貨店池袋店は全館改装が進行中で、2012年は低層階を中心にリニューアルしました。東急ハンズプロデュースの「ハンズビー」(地下1階9～12番地)や、美容系のショップ6店舗を集積したゾーン「TOBUビューティーテラス」(3階11番地)など、新たな売場が続々と登場しています。

　また、池袋店でリピーターが続出するという「店内ミニツアー」(参加無料/月1～2回開催)は是非参加してみたいイベント。テーマに基づいて3～4カ所の売場を巡り、商品に詳しい担当者から説明を受けたり、実際に商品を試すことができます。ツアーの最後にはバックヤードで「商品試験室」を見学。ちょっとした特別感を味わえる、楽しいツアーです。

　東京屈指のターミナル池袋に立地する東武百貨店池袋店は2012(平成24)年に開店50周年を迎え、様々なイベントが開催されたほか、記念乗車券も発売されました。ちなみに東武百貨店は池袋のほか、船橋、宇都宮、大田原、**東京ソラマチ**®(※小型サテライト店舗)にあります。

売場面積は約8万3000㎡！池袋駅に隣接する世界最大級の巨大百貨店

店内ミニツアーは月に1～2回実施している
写真提供：東武百貨店

> **まめ蔵　東京ソラマチ店**……東京スカイツリータウン®内の商業施設、東京ソラマチ®4階に東武百貨店の小型サテライト店、東京ソラマチ店を開設。「化粧品」「ファッション雑貨」「ステーショナリー雑貨」「宝飾・特選」の5ゾーンがあります。

鉄道ファンや家族連れに大人気！
東武鉄道の車両基地イベント

東武ファンにとって毎年大きな楽しみとなっているのが、「東武ファンフェスタ」。それは、東武の魅力を様々な角度から楽しめる、大変充実したイベントです。

人気の電車が大集合

　東武鉄道では、2005（平成17）年から毎年「東武ファンフェスタ」というイベントを開催しています。これは**南栗橋車両管区**を会場に、東武鉄道を利用されている多くの皆様に日ごろの感謝をこめて普段は見られない車両工場などを公開するとともに、各種の取り組みについて知ってもらうために開催しているものです。

　第8回となった2012（平成24）年は、12月2日（日）に開催。メインとなる車両撮影会には、8000系、30000系、10000系、100系「スペーシア」、200系「りょうもう」、1800系の各東武電車が登場。車両工場見学、運転台見学なども行われました。

　また、今回は野田線船橋駅から東武ファンフェスタ会場の南栗橋車両管区まで、動態保存された8111号編成を使用した「東武ファンフェスタ号」が運転され、大人気でした。

車両基地イベントでは人気の電車が勢揃いする　写真提供：河野孝司

車両工場の心臓部に潜入!
多くの来場者を集める人気イベント

通常見ることができない車両整備も見ることができる　写真提供：河野孝司

車両のメンテナンスを見物できる
写真提供：河野孝司

趣向をこらした多彩な企画

　そのほか、2012（平成24）年の「東武ファンフェスタ」では鉄道会社による限定鉄道グッズの販売（東武鉄道ブースでは東武鉄道社紋・シリアルナンバー入り旧運転士カバンの限定販売ほか）など、沿線自治体による観光PR・物産品販売、東武グループ各社による飲食物の販売、そして親子制服着用体験のほか、軌陸両用型架線作業車や車両洗浄線の体験乗車（いずれも事前応募制）などが実施されました。

　この盛りだくさんな内容は、レールファン、東武ファンはもちろんのこと、家族連れも大いに楽しめます。子ども向けに遊具コーナーも設置しているのも、大変ありがたい心配りです。毎年の開催は東武鉄道のHPなどで告知されるので、お見逃しのないように。

> **まめ蔵　南栗橋車両管区**……本線系統の電車の基地で、南栗橋を本区として、春日部、七光台、館林、新栃木に支所があるほか、南栗橋に車両工場があり、電車のメンテナンスが行われています。

参加・体験型の子ども向けサイト「TOBU BomBo Kids」

東武鉄道によるインターネットの子ども向けサイトは、魅力的な内容が満載。鉄道だけでなく東京スカイツリータウン®や東武ワールドスクウェア、東武動物公園に関するものも充実しています。

多彩な内容のキッズサイト

　2009（平成21）年3月、小学生を中心とした子ども向けのホームページ「TOBU BomBo Kids（と〜ぶ　ボンボキッズ）」をオープンしました。これは"新しい""楽しい""明るい"をコンセプトに子どもたちに東武の様々な世界を知ってもらおうとリアルランド（実体験の世界）へ旅立つ改札口をイメージしたものです。

　このサイトで楽しく安心して遊び、学んでもらうという狙いで、子どもの成長に大切な「人とのコミュニケーション」「仕事のおもしろさ」「社会の一員としてのマナー」など、体験・参加型のイベントを通して親子が一緒に楽しめるようにつくられています。

　URLはhttp://www.tobu-kids.com/です。

東武ホテルでのパティシエ体験の様子
写真提供：東武鉄道

東京スカイツリータウン®の環境技術を学ぶエコ学習会の様子　写真提供：東武鉄道

親子で参加の体験型イベント

　体験型のイベントは、これまでに東武動物公園の裏側体験、東京スカイツリー®学習会、東武ホテルのパティシエ体験などを開催し、親子で参加された方々の楽しい様子が紹介されています。自宅のパソコンでこのサイトを楽しむだけでなく、是非イベントに参加したいものです。そのほかにも、クイズ形式で東武鉄道について学べる「TOBU検定」、東京スカイツリータウン®について学べる「東京スカイツリータウン®クイズ」など、親子で楽しめるコンテンツが盛りだくさん。

　東武グループの各社と連携した"東武グループのキッズポータルサイト"として非常に魅力的なサイトです。「東武ファン」を自認される方にも、新たな発見があることでしょう。

子ども向けの楽しいコンテンツを公開
大人の鉄道ファンにも大人気

「TOBU BomBo Kids」のトップページ

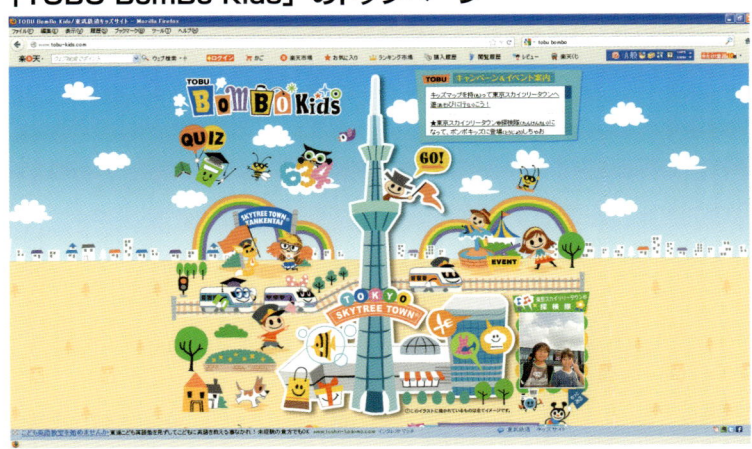

> **まめ蔵**　ペーパークラフト……「TOBU Bombo Kids」にリンクされているペーパークラフトは、パソコンにダウンロードしプリンターで紙に印刷すれば、あとは切り抜いて折り曲げ、のり付けすればできあがりです。

絶叫マシンとアニマルの饗宴!
東武動物公園の楽しみ

全国各地に多数の動物園があるなかで、鉄道会社の名前を冠した異色の存在なのが、東武動物公園。その背景には沿線の人たちの生活を豊かにしようという、企業姿勢があります。

沿線住民に夢を提供

　日比谷線との乗り入れ開始後、沿線のベッドタウン化が急速に進んだ伊勢崎線(東武スカイツリーライン)。それに対応し、東武では沿線住民に野外レクリエーションの場を提供しよう、という構想を打ち出します。単に利用客増加による収益向上で満足することなく、このように文化的な事業を展開するのも、二代目根津嘉一郎社長の経営センスによるものでしょう。

　そして、具体的には東武鉄道創立80周年記念事業として、動物公園を開設することになりました。創立80周年記念日の翌日である1977(昭和52)年11月2日に着工し、1981(昭和56)年3月28日に「東武動物公園」としてオープンしました。約53万㎡の広大な園内に動物園、遊園地、プール、会員制乗馬クラブがあります。

珍しいホワイトタイガー　写真提供:東武レジャー企画

埼玉県有数のファミリースポットとして大人気
水上木造コースター「レジーナ」は看板アトラクション

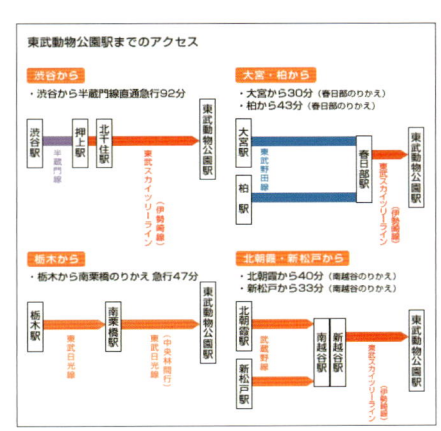

6章 東武鉄道トリビア

東武動物公園までのアクセス

渋谷から
・渋谷から半蔵門線直通急行92分

大宮・柏から
・大宮から30分（春日部のりかえ）
・柏から43分（春日部のりかえ）

栃木から
・栃木から南栗橋のりかえ 急行47分

北朝霞・新松戸から
・北朝霞から40分（南越谷のりかえ）
・新松戸から33分（南越谷のりかえ）

多彩なアトラクションがラインアップする
写真提供：東武レジャー企画

子どもから大人まで存分に楽しめる施設

　動物園では様々な大小の動物が見られるのはもちろん、20種類の動物とふれあうことができる「ふれあい動物の森」も大人気です。オリジナルの参加型、体験型イベントも充実しています。遊園地にはいわゆる絶叫マシーンをはじめ、約30のバラエティに富んだアトラクションがあり、子どもから大人まで楽しめます。2011（平成23）年に30周年を迎え、沿線の名所としてすっかり定着しています。

営業時間	季節により異なります（ホームページをご覧ください）。http://www.tobuzoo.com/
料金（入園料のみ）	おとな1,500円（中学生以上）、こども700円（3歳以上）、シニア1,000円（60歳以上）
休園日	6/1～6/30　月曜日、1・2・12月　月曜日・火曜日※当日が休日の場合や、小・中学校が冬休みの場合は営業、大晦日、元日
アクセス	東武スカイツリーライン（伊勢崎線）東武動物公園駅下車徒歩約10分、バス約5分

まめ蔵　**東武動物公園駅**……もともと杉戸駅だったものを、東武動物公園の開園に合わせて改称しました。合わせてホームの拡張、橋上駅舎の新築など大がかりなリニューアルも実施し、来園客に対応しています。

201

東武携帯ネット会員になるとどんなサービスが受けられるの?

携帯電話によるインターネット接続を利用したサービスは、近年業種を問わず広く普及しています。東武においても「東武携帯ネット会員サービス」を展開中です。

便利なネットによる特急券・着席整理券購入

　東武携帯ネット会員サービスは、誰もが登録して利用できるサービスで、携帯電話やスマートフォン、パソコンのいずれでもOKです（一部サービスを除く）。入会金や年会費はなく、ネットの通信費用だけを負担すれば、自由に使うことができます。

　具体的なサービスのうち、メインとなっているのが特急券・着席整理券の購入です。伊勢崎線・日光線の特急券（JR線直通特急、特急スカイツリートレインを除く）は発車5分前まで、東上線のTJライナーの着席整理券は発車30分前まで購入ができるので、急いでいるときには大いに助かります。購入した特急券・着席整理券の情報は携帯電話に送信されるので、乗車時はその画面を係員に見せます。

　代金はクレジットカード決済で、**東武カード**利用の場合は乗得ポイント加算の特典があるのも、見逃せません。

東武カードとPASMOがひとつになった「東京スカイツリー®東武カードPASMO」

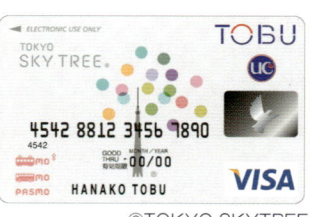

©TOKYO-SKYTREE

特急やTJライナーに乗車するときは、画面に表示される購入した切符の情報を係員に見せるだけ。チケットレスで乗車できる　写真提供：東武鉄道

新時代の乗客サービスが登場
会員登録して東武ライフを満喫!

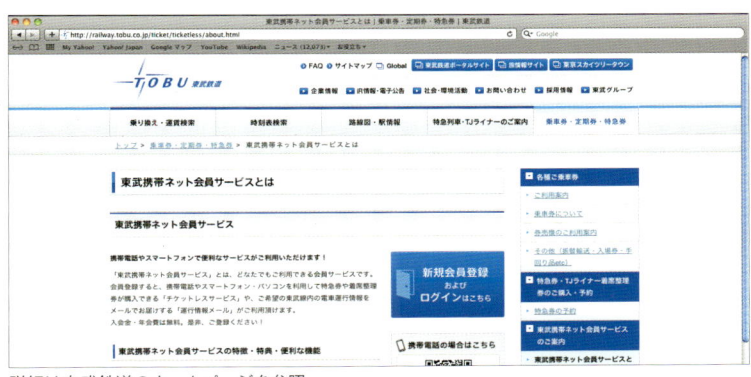

詳細は東武鉄道のホームページを参照

メールで運行情報がわかる

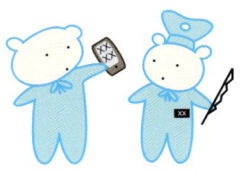

チケットレスで特急列車と
TJライナーに乗車できる

東武を利用する方におすすめの情報サービス

　特急列車を利用しない人にも、うれしいサービスがあります。それは東武各線の運行情報メール。会員登録後、路線、配信曜日、配信時間帯を指定して登録をすれば、30分以上の遅れや運転見合わせ、または見込まれる場合に運行情報がメールで届きます（配信時間は6：00～22：00）。例えば、通勤利用の人は平日のみの配信を登録すれば、休日は必要のないメールを受信せずに済むというわけです。

　東武鉄道をよく利用する人は、このサービスを試してみてはいかがでしょうか？

> **まめ蔵　東武カード**……株式会社東武カードビジネスが発行するクレジットカード。PASMOのオートチャージの支払いなど、利用に応じてポイントがたまり、たまったポイントはお買物券に引き換えることができるのも魅力です。

東武鉄道が発売した記念乗車券にはどんなものがあるの?

カード類の普及で紙の切符を使う機会も減りましたが、コレクターにとって今も根強い人気があるのが記念乗車券。東武ならではのものが、多数登場しています。

東武ファンには見逃せない記念乗車券の数々

　鉄道関係のコレクション・アイテムに、記念乗車券があります。美しいデザインや、ファンにとって興味深い内容などが、人気を集めています。もちろん、東武でも1956(昭和31)年に東上線で発売された川越大師喜多院落慶の記念乗車券をはじめとして数々の記念乗車券を発売してきました。

　例えば、車両関係では展望車両634型「スカイツリートレイン」が本格運転することを記念した「スカイツリートレイン記念乗車券」(2012／平成24年)、「懐かしの旧塗装色8111号編成動態保存記念乗車券」(2012／平成24年)などがあります。

　このほかにも「東武伊勢崎線全通100周年記念乗車券」(2010／平成22年)や、「東京スカイツリータウン®グランドオープン記念乗車券」(2012／平成24年)、そして沿線が舞台のアニメにちなんだ東武鉄道、秩父鉄道合同企画の「あの花×らき☆すた記念乗車券」のようなユニークなものも過去に発売されました。

1979年に発売された「東武日光線開通50周年記念乗車券」。往年の名車両のイラストが掲載されており、鉄道ファン好きのするデザイン

時代の鉄道を映す生き証人!
東武ファン必携の記念乗車券の数々

1985年に発売された「保有車両1500両突破記念乗車券」。当時の代表車両と沿線の観光名所が掲載されている

1976年に発行された天皇陛下御在位50周年記念乗車券

大人気を博した硬券の記念乗車券

　最近特に注目されたのは、業平橋からとうきょうスカイツリーへの駅名改称に伴い、2012（平成24）年3月17日に発売された「業平橋駅 駅名改称記念乗車券」。業平橋から160円と、とうきょうスカイツリーから140円、硬券の片道乗車券各1枚を台紙に収めたものです。発売日には早朝から行列ができ、用意されていた5,250セットが6時間で完売しました。また、乗車券ではありませんが、同じ日に硬券をイメージしたデザインの「業平橋駅 駅名改称記念ストラップ」も発売されました。

> **まめ蔵　エバーグリーン賞**……鉄道友の会が現役で活躍する歴史的車両に贈った賞。東武では1990（平成2）年に5700系が受賞しましたが、これは関東の私鉄で唯一でした。

東武鉄道の環境への取り組み

業種を問わず企業には環境への対応が求められている昨今です。東武鉄道も社員全員の環境意識の向上に努めるとともに、様々な取り組みを積極的に推進しています。

様々な取り組みを実施

　東武鉄道では、電車の回生電力を有効活用する回生電力貯蔵装置を設置しています。また、変電所において太陽光発電システムを設置し、変電所での照明や空調、制御電源に利用しています。
　とうきょうスカイツリー駅では、コンコースへの地域冷暖房システムの導入、すべての照明装置のLED化、雨水のトイレ洗浄水への利用などの環境対策を実施しています。
　車両では50000系において車体軽量化と乗り心地、車内の遮音性向上、VVVFインバータ制御装置や熱線吸収ガラスの採用による冷房効率の向上で大幅な消費電力の低減を実現しています。

太陽光発電システムを導入した変電所　写真提供：東武鉄道

地球にやさしい東京スカイツリータウン®

　2012（平成24）年にオープンして話題の東京スカイツリータウン®も、環境に配慮しています。東京スカイツリー®のライティングは1,995台のLED照明器具とそれらを高速制御するシステム化によって従来と比べ約40%の省エネを実現しています。

　東京スカイツリータウン®では、太陽光パネルによる発電、屋上緑化も実施。さらに、太陽光発電パネルの冷却や植栽への散水には雨水を利用しています。

　もうひとつの目玉は、東京スカイツリータウン®とその周辺の建物の冷暖房を集中して行う最新の**地域冷暖房システム**。その心臓部ともいえるメインプラントでは、世界最高水準の高効率熱源機器と大容量水蓄熱槽で構成されています。大容量水蓄熱槽は約7,000トンの貯水量があり、夜間に作った冷水・温水を昼間に使用することにより、昼間ピーク時の電気使用量を抑制します。さらに国内の地域冷暖房システムでは初めて地中熱を利用。これらにより、年間のエネルギー使用量を約44%、CO_2排出量を約48%削減するなど省エネ効果を実現しています。

東京スカイツリー®のライティング「粋」
©TOKYO-SKYTREE

太陽光発電パネルへの散水

地域冷暖房メインプラント　写真提供：東武エネルギーマネジメント

> **まめ蔵**　**地域冷暖房システム**……1カ所または複数のプラントで冷水・温水等を作り、地域導管を通して一定地域の冷暖房や給湯を行うシステム。国内では東京スカイツリー®地区をはじめ約140カ所で行われている。

7章

東武鉄道の
施設のひみつ

写真提供：東武鉄道

日本の大手私鉄を代表する会社である東武鉄道は、安全で正確な電車の運行を実現するために様々な設備投資を行っています。また、駅の施設についても近年大幅な改善が施されており、かつてのイメージを一新しています。ここでは東武鉄道の施設やバリアフリーなどを中心にご紹介します。

写真提供：東武鉄道

東武鉄道が導入を進めているデジタルATCにはどんな特徴があるの?

鉄道にとって最も大切なのは安全です。東武鉄道においては東上線で2015(平成27)年から、新しい運転保安装置を使用する計画で、現在そのための工事を進めています。

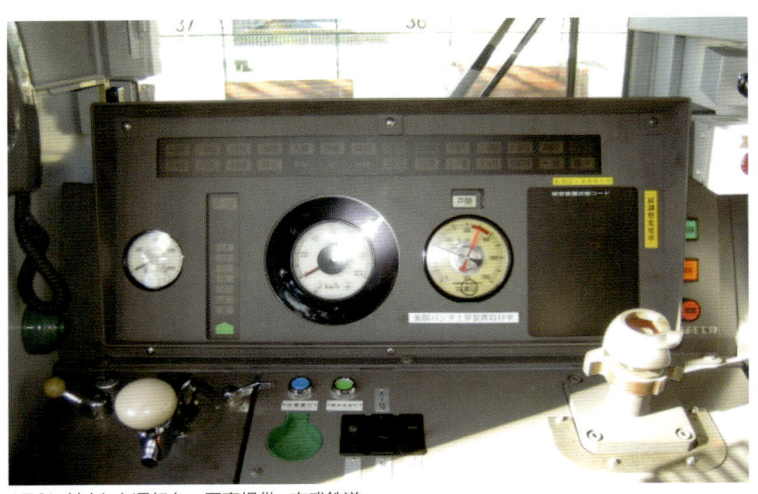

ATCに対応した運転台　写真提供：東武鉄道

最新技術による保安装置

　鉄道はいちどに大量の乗客を運ぶことから、開業以来様々な安全対策が施されています。

　東武各線では現在ATS（自動列車停止装置）を使用していますが、より高性能な**デジタルATC**（自動列車制御装置）を導入すべく、工事を進めています。導入区間は東上線池袋〜小川町間、デジタル技術を採り入れた最新のシステムで、「東武型ATC」と呼びます。

　もともとATCには、前方を走行中の列車の位置から列車速度を制御するという、優れた機能があります。しかし、東上線に導入するのはさらに進化したものです。列車と列車の間の距離や勾配などの線路情報を、車上・

安全性と定時性を確保する
運転保安装置のデジタル化を推進

デジタルATCの減速（概念図）

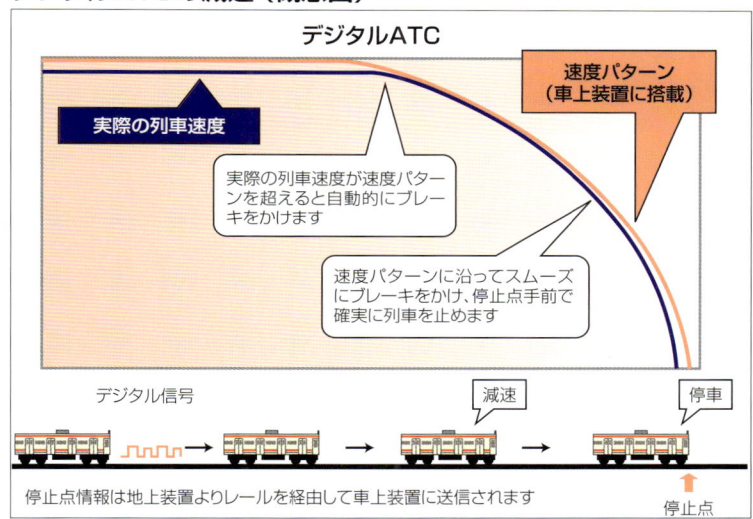

デジタルATC

- 実際の列車速度
- 速度パターン（車上装置に搭載）
- 実際の列車速度が速度パターンを超えると自動的にブレーキをかけます
- 速度パターンに沿ってスムーズにブレーキをかけ、停止点手前で確実に列車を止めます

デジタル信号 → 減速 → 停車

停止点情報は地上装置よりレールを経由して車上装置に送信されます　停止点

地上間情報伝送装置から取り込むことで、無闇に停止させるのではなく、スムーズに速度を制御します。また、踏切に障害物があった際の防護、停車駅の誤通過防止といった機能の拡張性も持たせています。

地上と車両の設備対応

　ATCを使用するには、地上側だけでなく車両側にも設備を追加する必要があります。東上線においては、同線に乗り入れる他社の電車もその対象です。

　新しいATCの導入により、安全性が一段と向上するとともに、最適な速度制御により列車増発が可能になるなどの効果が期待されます。乗り入れによって高まる利便性との相乗効果は、利用者に大きなメリットとなることでしょう。

> **まめ蔵　デジタルATC**……東上線が採用するデジタルによるATCは、「東武型ATC」と呼びます。JR東日本の山手線と京浜東北線、都営地下鉄新宿線でもD-ATCを使用中ですが、東武では線路情報を取り込む方法が独自のものです。

電車の回生電力を効果的に活用する回生電力貯蔵装置

電車の電力消費量を低減させるシステムの一つに、回生ブレーキがあります。これをより有効にすべく、東武では新たな設備を導入し、環境対応がまた一歩前進しました。

経済産業省のお墨付き

　東武鉄道では上福岡き電区分所(架線の電圧降下の軽減を図る地上設備)に、東武鉄道で初めてとなる回生電力貯蔵装置を導入し、2012(平成24)年7月から使用しています。これは、電車が回生ブレーキをかけたときに発生した電力を吸収・貯蔵し、それを加速する電車に供給するものです。

　導入に際し、先端的で省エネ効果など政策的意義があることが認められ、2011(平成23)年度・2012(平成24)年度の経済産業省資源エネルギー庁「**エネルギー使用合理化事業者支援補助事業**」として施工されました。

上福岡き電区分所に設置された、電車の回生電力を有効的に活用する回生電力貯蔵装置
写真提供：東武鉄道

大容量の蓄電池

　装置はGSユアサが電池部、東洋電機製造が制御部（コンバータ）を製造。容量360キロワットのリチウムイオン電池による貯蔵装置5基（合計1,800キロワット）からなります。直流1,500ボルトの架線電流に対し、最大1,200アンペアの充電・放電能力を持ち、装置のサイズは1台につき幅340cm×奥行き268cm×高さ260cmです。

　従来、回生ブレーキで発生した電力を直接別の列車に供給していましたが、この装置によって変電所から供給する電力を削減することができ、また電力を供給することで架線電圧がより安定します。電車の安全運転、定時運転に効果があります。輸送力確保のための列車増発などにより、ピーク時の使用電力が増大することへの対応として、この装置を導入しました。東武では、今後も環境保全に努め、有効な設備を導入するとのことです。

回生電力有効利用で省エネ推進
新技術の導入で進むエコ運転

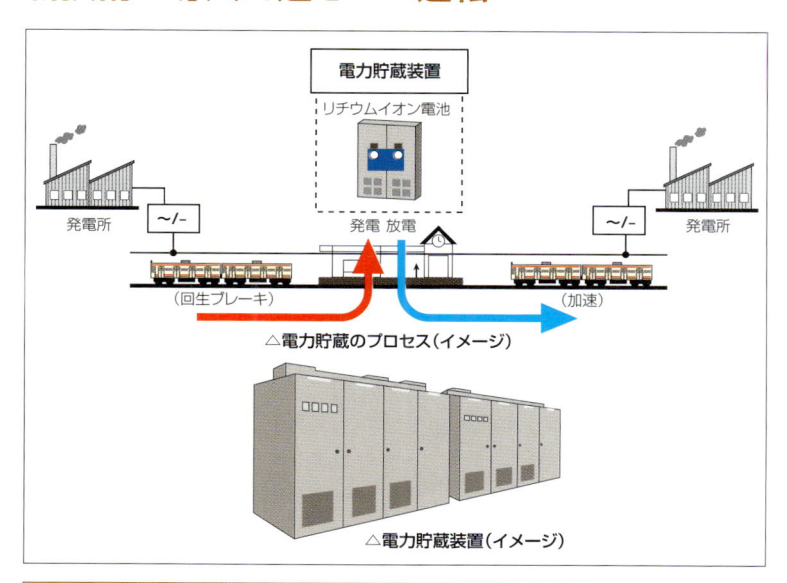

△電力貯蔵のプロセス（イメージ）

△電力貯蔵装置（イメージ）

まめ蔵　エネルギー使用合理化事業者支援補助事業……事業者の計画した省エネルギーへの取り組みのうち、「省エネルギー効果」などをふまえ政策的意義が高いと認められる設備の導入費について支援するものです。

第7章　東武鉄道の施設のひみつ

重軌条化・弾性ポイント化・ロングレール化を推進、改善が進む線路施設

列車の安全性や快適さには、線路の状態も大きく影響します。高速かつ高頻度な運転に対応し、東武でも様々な線路の改良を進めています。

弾性ポイント化が進む
東武鉄道の線路
写真提供：東武鉄道

線路改良の3つの施策

2012（平成24）年4月、東武鉄道から同年度の設備投資計画が発表されました。総額は296億円で、安全・安定輸送対策工事に重点が置かれています。

具体的には、東上線の新運転保安システム（ATC）の構築、東武スカイツリーラインの竹ノ塚駅付近と伊勢崎線伊勢崎駅付近や野田線清水公園～梅郷間の高架化、そして駅の安全対策などとともに、線路や電気などの設備の更新と改良がメニューにあがっています。線路に関しては、重軌条化、弾性ポイント化、**ロングレール**化などが計画に盛り込まれています。

ロングレール化率（2012年3月31日現在）

線別	可能延長（m）	敷設延長（m）	設置率（%）
本　　線	500,465	408,209	81.6
東上線	123,910	123,021	99.3
合　　計	624,375	531,230	85.1

※可能延長はR＝600m以上で算出

ロングレール化や重軌条化で騒音軽減
乗り心地も大幅に改善

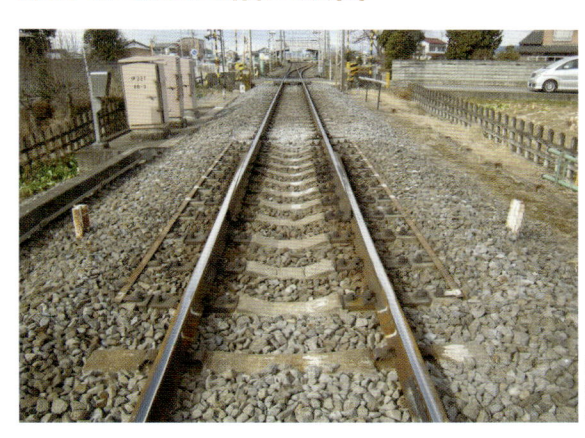

改良が進む東武鉄道の線路
写真提供：東武鉄道

丈夫で継目の少ないレール

　すでにある線路の改良として導入されるこれらのアイテムは、どのようなものなのでしょうか。重軌条化とは重量の重いレールに交換することをいいます。多くの列車が高速で走ってもレールの変形が少なく、安全性や乗り心地の向上にメリットがあります。

　そして、ポイントの切り替え部分のレールを、従来の関節を持つ構造から、連続したレールの弾性を利用して方向を変える方式に改めたのが、弾性ポイントです。すでに300台以上が設置されています。また、ロングレールとは、長さ200m以上のレールをいい、25mレールを溶接して作ります。レールとレールの継目がなくなることで、車輪が通過する際の騒音と振動が軽減されます。車内の乗客はもちろん、線路の近くの住民にとっても、ありがたいものです。東武鉄道では80％以上がロングレールになっています。

　車両の改良などと合わせ、より快適で安全な鉄道へと、進化を続けています。

> **まめ蔵　ロングレール**……溶接でつないで長さ200m以上にしたレールで、日本で最初に本格採用したのは東海道新幹線です。温度差による膨張に備え、ロングレールどうしの継目は、特殊な構造で伸縮するようになっています。

東武鉄道の車両基地「車両管区」と「検修区」ってどんな施設?

東武鉄道には「車両管区」「検修区」という、他社ではあまり聞かない名称の施設があります。それぞれ、どのような役割を担っているのか、見ていきましょう。

東武の車両部門の中枢、南栗橋車両管区

　東武鉄道の車両部門では、列車を安全に運行させるために、定期的に様々なメンテナンスを行っています。

　大きくは検修部門と工場部門の2つに分かれ、検修部門では6日を超えない期間ごとに日常検査を行う列車検査、3カ月を超えない期間ごとに各装置の状態を確認して機能点検を行う月検査を行っています。

　工場部門では4年または走行距離が60万kmを超えない期間ごとに台車、モーター、ブレーキ装置、制御装置などの主要部品を分解して整備・点検を行う重要部検査、8年を超えない期間ごとにさらに詳しく主要部品の整備・点検を行う全般検査などを実施しています。

　東武鉄道では、東武スカイツリーライン（伊勢崎線）、日光線、野田線、

車両検査の様子（運転台点検）　写真提供：東武鉄道

安全・安心・快適な車両をお客様に提供
南栗橋工場では環境にも配慮

車両検査の様子（パンタグラフ点検）
写真提供：東武鉄道

車両検査の様子（床下機器点検）　写真提供：東武鉄道

東上線の一部の車両をメンテナンスする南栗橋車両管区と東上線系統の車両をメンテナンスする森林公園検修区があります。

　南栗橋車両管区は、日光線南栗橋駅に隣接した広大な敷地に検修部門と工場部門（南栗橋車両工場）がある車両の総合メンテナンスセンターです。そのほかに春日部、七光台に支所が、館林、新栃木に出張所があります。

東上線系統を受け持つ森林公園検修区

　一方、東上線と越生線の車両の検修部門は森林公園検修区です。

　東上線川越市駅に隣接して**川越工場**がありますが、組織としては南栗橋車両管区の傘下になります。また、東上線の車両が南栗橋車両工場で検査を受ける際は、秩父鉄道経由で回送します。

　南栗橋車両管区で開催される「東武ファンフェスタ」については196ページで紹介しましたが、森林公園検修区においても「東上線ファミリーイベント」が開催されています。2012（平成24）年は11月18日に開催。

　なお、2005（平成17）年9月には、南栗橋車両管区の南栗橋車両工場において環境マネジメントシステムの国際規格であるISO14001の認証を取得しています。車両部門では「縁の下の力持ち」となり、日々の東武の列車の安全・安定運行を支えています。

> **まめ蔵　川越工場**……もともと東上線系統の電車の車両基地がありました。しかし、列車増発に伴い車両収容能力が不足したため、森林公園検修区へ移転し、跡地に川越工場が開設されました。

第7章 東武鉄道の施設のひみつ

東武鉄道が取り組むバリアフリー対策にはどんなものがあるの？

東武ではバリアフリー化をはじめ、乗客の誰もが安心・快適に利用できるよう、駅と車両の両方で様々な施策を導入し、社会に貢献しています。

エレベーター（左・写真提供：東武鉄道）やエスカレーター（右）は今や東武鉄道の駅の大部分に設置されている

改良が進む駅の設備

　東武鉄道では、駅設備のバリアフリー化は、「バリアフリー法」の基本方針の整備目標に沿ってエレベーターなどによる段差の解消、多機能トイレを順次設置しているほか、車いす利用の乗客が安全に電車の乗り降りができるよう車いす用渡り板も各駅に用意されています。また、無人駅を除く全駅へAED（自動体外式除細動器）が設置されています。わかりやすい列車発車案内や運行情報の表示器、聞き取りやすい自動放送装置も多くの駅に設置済みです。
　駅構内にある案内表示もユニバーサルデザインへの変更を進め、より見やすくするほか、4カ国語（日本語・英語・中国語・韓国語）の表記を進め、外国人の旅客も安心して利用できるようにしています。

誰でも安心・快適に利用できる鉄道へ
各駅・各車両で進むバリアフリー化

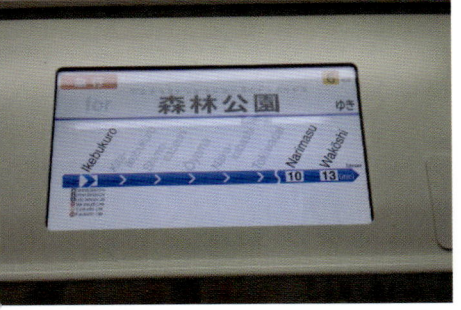

視認性に優れたLCDの車内表示器　写真提供：東武鉄道

車内の車いすスペースを拡充し、バリアフリー化を推進している　写真提供：東武鉄道

安心して乗れる電車へ

　車両側のバリアフリー化も大切です。車いすスペースを設けた電車が369両あるほか（2012／平成24年3月末現在、以下同）、ドア上部などにあり、列車種別や停車駅などを表示する車内表示器は1,128両、ドア開閉を知らせるドアチャイムは1,082両に設置し、耳や目の不自由な人が快適に、円滑に利用できるように努めています。また、お年寄りや体の不自由な人、妊娠している人などのための**優先席**は、一般・通勤用電車全1,824両に設置済みです。

　ほかにも、弱冷房車（冷房設定温度を一般車の摂氏26度に対し、28度にしています）が247両あります。女性専用車両は東武スカイツリーライン（伊勢崎線）、日光線（地下鉄半蔵門線、日比谷線直通を含む）、野田線、東上線（地下鉄有楽町線および副都心線直通列車を含む）で導入されています。

　2003（平成15）年から実施している駅と車内の全面禁煙などの施策と合わせ、安全かつ快適に利用できる鉄道へと、進化を続けています。
関東の私鉄の雄として君臨する東武鉄道。乗客本位の施設改善にも定評があります。

> **まめ蔵**　**優先席**……1970年代から導入されているもので、国鉄や多くの私鉄では当初「シルバーシート」と呼び、後に「優先席」と改称しました。しかし、東武と一部の鉄道会社では当初より「優先席」としています。

7章　東武鉄道の施設のひみつ

Index

英数字

10000型 ・・・・・・・・・・・・・・・・・・ 126
10030型 ・・・・・・・・・・・・・・・・・・ 126
10050型 ・・・・・・・・・・・・・・・・・・ 126
10080型 ・・・・・・・・・・・・・・・・・・ 126
100系 ・・・・・・・・・・・・・・・ 108・168
151系 ・・・・・・・・・・・・・・・・・・・・ 166
157系 ・・・・・・・・・・・・・・・ 50・134
165系 ・・・・・・・・・・・・・・・・・・・・・ 51
1700系 ・・・・・・・・・・・・・・・・・・ 168
1720系 ・・・・・・・・・・・・・・ 134・166
1800系 ・・・・・・・・・・・・・・ 112・114
2000系 ・・・・・・・・・・・・・・・・・・ 142
20000型 ・・・・・・・・・・・・・・・・・・ 124
20050型 ・・・・・・・・・・・・・・・・・・ 124
20070型 ・・・・・・・・・・・・・・・・・・ 124
200型 ・・・・・・・・・・・・・・・・・・・・ 110
2080系 ・・・・・・・・・・・・・・・・・・ 142
250型 ・・・・・・・・・・・・・・・・・・・・ 110
30000系 ・・・・・・・・・・・・・・・・・・ 122
300型 ・・・・・・・・・・・・・・・・・・・・ 112
350型 ・・・・・・・・・・・・・・・・・・・・ 112
5扉車 ・・・・・・・・・・・・・・・・・・・・ 125
5000系 ・・・・・・・・・・・・・・・・・・ 148
50000型 ・・・・・・・・・・・・・・・・・・ 118
50050型 ・・・・・・・・・・・・・・・・・・ 118
50070型 ・・・・・・・・・・・・・・・・・・ 118
50090型 ・・・・・・・・・・・・・ 64・120
5050系 ・・・・・・・・・・・・・・・・・・ 149
5070系 ・・・・・・・・・・・・・・・・・・ 149
5700系 ・・・・・・・・・・・・・・・・・・ 136
6000系 ・・・・・・・・・・・・・・ 144・186
6050系 ・・・・・・・・・・・・ 54・116・168
634型 ・・・・・・・・・・・・・・・・・・・・ 132
7300系 ・・・・・・・・・・・・・・・・・・ 138
7800系 ・・・・・・・・・・・・・・・・・・ 140
8000系 ・・・・・・・・・・・・・・ 130・145
800型 ・・・・・・・・・・・・・・・・・・・・ 131
8111号編成 ・・・・・・・・・・・・ 131・149
850型 ・・・・・・・・・・・・・・・・・・・・ 131
9000系 ・・・・・・・・・・・・・・・・・・ 128
9050型 ・・・・・・・・・・・・・・・・・・ 129
AED ・・・・・・・・・・・・・・・・・・・・ 173
ED101形 ・・・・・・・・・・・・・・・・・・ 163
GSユアサ ・・・・・・・・・・・・・・・・・・ 213
GTOサイリスタ素子 ・・・・・・・・・・・・ 127
TJライナー ・・・・・・・・・・・・・ 64・120
TOBU BomBo Kids ・・・・・・・・・・ 198
VVVFインバータ
　・・・・・・ 10・108・123・125・127・129

あ

会沢線 ・・・・・・・・・・・・・・・・・・・・ 182
明智平 ・・・・・・・・・・・・・・・・・・・・ 161
浅草駅 ・・・・・・・・・・・・・・・・ 74・153
足利学校 ・・・・・・・・・・・・・・・・・・・ 20
アプト式 ・・・・・・・・・・・・・・・・・・ 163
アール・デコ ・・・・・・・・・・・・・・・・・ 74
アルミ車 ・・・・・・・・・・・・・・・・・・ 168
伊香保軌道線 ・・・・・・・・・・・・ 156・158
池袋駅 ・・・・・・・・・・・・・・・・・・・・ 100
伊勢崎線 ・・・・・・・・・・・・・・・ 32・58
いろは坂 ・・・・・・・・・・・・・・・・・・ 161
宇都宮石材軌道 ・・・・・・・・・・・・・・ 156
宇都宮線 ・・・・・・・・・・・・・・・・・・・ 42
大叶線 ・・・・・・・・・・・・・・・・・・・・ 183
太田軽便鉄道 ・・・・・・・・・・・・・・・ 156
大手私鉄 ・・・・・・・・・・・・・・・・・・・ 17
岡山電気軌道 ・・・・・・・・・・・・・・・ 159
越生線 ・・・・・・・・・・・・・・・・・・・・・ 48
越生鉄道 ・・・・・・・・・・・・・・・・・・ 156
越生梅林 ・・・・・・・・・・・・・・・・・・・ 25
尾瀬夜行 ・・・・・・・・・・・・・・・・・・・ 62

おトクきっぷ	184

か

界磁チョッパ制御	126
海神線	38
柏駅	96
亀戸線	34
貨物線	53
貨物ヤード	94
カルダン駆動	142
川越	24
川越駅	102
川越工場	217
川越市駅	103
関東の駅100選	90
軌間	44
木崎駅	88
北千住駅	80
軌道線	159
鬼怒川温泉	21・92
鬼怒川温泉駅	92
鬼怒川線	44
記念乗車券	204
キハ2000形	146
桐生線	36
葛生駅	94
栗橋駅	84
クロスシート	121・144
京浜東北線	69
ケーブルカー	160
小泉線	36
コルゲート	127・129

さ

最高速度	56
境町駅	88
佐野線	36
佐野鉄道	156
サロンルーム	135・166
下今市駅	54
下野電気鉄道	156
主回路チョッパ制御	128
首都圏新都市鉄道	98
蒸気機関車	162
上州鉄道	156
湘南型	147
常磐線	80
シングルアーム式パンタグラフ	110
信号場	47
人車鉄道	37
森林公園駅	25
スイッチバック	96
スカイツリートレイン	117・132
杉戸駅	82
杉戸工場	83
スチュワーデス	167
スノーパル	62
スペーシア	16・56・108・135
すみだ水族館	23
世界遺産	190
セミクロスシート	117
千人同心	105
専用線	48
相互直通運転	70
総武鉄道	156
外秩父七峰縦走ハイキング大会	192

た

大師線	34・179
大谷線	42
高島平	176
多層建て列車	55
館林駅	86
ダブルスキン構造	118
弾丸列車	35
秩父高原牧場	193
直直セクション	85
吊り掛け駆動	136・142・148
デジタルATC	210
デュアルシート	121

デラックスロマンスカー(DRC)	50・135・166
東京スカイツリー®	22
とうきょうスカイツリー駅	22・76
東京日光電気鉄道	21
東西連絡通路	101
東照宮	20
東上線	46
東上鉄道	156
東武オリジナル鉄道グッズ	188
東武カード	202
東武顔	144・149
東武携帯ネット会員サービス	202
東武商事	188
東武スカイツリーライン	32・68
東武特急	50
東武トラベル	185
東武動物公園	200
東武動物公園駅	82・201
東武日光駅	90
東武百貨店	194
東武ファンフェスタ	115・196
東武ワールドスクウェア	92・190
都営三田線	176
飛び地路線	18

な

流山おおたかの森駅	98
業平橋駅	76
西板線	178
日光軌道	156・158
日光線	40・180
日本スリーデーマーチ	104
荷物電車	164
ネコひげ	137
根津嘉一郎(初代)	152
根津嘉一郎(二代目)	154
野田線	38

は

バケットシート	123
馬車鉄道	36
発電ブレーキ	112
羽鶴線	183
バリアフリー対策	218
半蔵門線	58・77
東松山駅	104
日比谷線	124・170
ビュッフェ	167
複々線	67・173
不要不急路線	41
フライング・スコッツマン	60
フライング東上	60
分割・併結	54
分福茶釜	87
堀切駅	78
ボルスタレス台車	111・124

ま

マルチシート	64・121
南栗橋車両管区	196・216
木造駅舎	88
モニ1470形	164
モハ63形	138

や

優先席	219
輸送人員	29
抑速ブレーキ	112・145

ら

陸上交通事業調整法	156
列車種別	30
路線愛称	68
ロングシート	121・144
ロングレール	214

参考資料

東武鉄道百年史
東武鉄道株式会社　1998

鉄道ファン　各号
交友社

鉄道ジャーナル　各号
鉄道ジャーナル社

鉄道ピクトリアル　各号
電気車研究会

Rail Magazine 各号
ネコ・パブリッシング

鉄道要覧（平成24年度）
国土交通省鉄道局監修
電気車研究会、鉄道図書刊行会　2012

私鉄の車両24　東武鉄道
飯島巌企画、卓はじめ解説、諸河久写真
保育社　1987

日本の私鉄10　東武
花上嘉成、諸河久著
保育社　1991

日本の私鉄　東武鉄道
広岡友紀著
毎日新聞社　2010

私鉄電車ビジュアルガイド 東武鉄道
東武電車研究会編著、東武鉄道株式会社協力
中央書院　2003

東武デラックスロマンスカー
花上嘉成著
JTBパブリッシング　2004

週刊　歴史でめぐる鉄道全路線
大手私鉄 東武鉄道1・2
朝日新聞出版　2010

中部ライン　全線・全駅・全配線
第11巻　埼玉南部・東京多摩北部
第12巻　東京都心北部
川島令三編著
講談社　2011

写真で見る東武鉄道80年
――明治、大正、昭和三代の変遷
東武鉄道株式会社　1977

東武線歴史散歩（史跡をたずねて各駅停車）
伊藤大仁著
鷹書房　1988

私鉄電車ガイドブック〈2〉東武・東急・営団
東京工業大学鉄道研究部著
誠文堂新光社　1978

東武鉄道

正式名称は東武鉄道株式会社。東京都、埼玉県、千葉県、栃木県、群馬県の1都4県に463.3kmの広範な路線網を有する、全国第2位の規模を誇る民鉄である。伊勢崎線(浅草・押上～東武動物公園間は路線愛称「東武スカイツリーライン」)と東上線の2大系統があり、さらに、野田線、日光線、佐野線、桐生線、鬼怒川線、宇都宮線、越生線の準幹線、亀戸線、大師線、小泉線の短距離線区で構成される。1897年の創立で、2年後の1899年に最初の区間である北千住～久喜間が開業。以後、周辺の中小私鉄を併合しながら規模を拡大していった。東武グループは、東武鉄道と東武鉄道指定の89社を合わせた計90社から構成され、グループ各社の事業分野は、建設、建物・施設管理、不動産仲介などの住宅産業、百貨店、ストアなどの流通産業、旅行、ホテル、遊園地・テーマパーク、ゴルフ、スポーツクラブなどのレジャー産業、鉄道、バス、タクシー、貨物輸送、トランクルームなどの交通産業の4産業部門に大別される。また、2012年に開業した世界一高い自立式電波塔「東京スカイツリー®」を中心とした街「東京スカイツリータウン®」の事業主体である。2012年3月末現在の資本金は1,021億3,597万1,747円、従業員数4,621人。

装丁:一瀬錠二(Art of NOISE)
編集協力:株式会社 天夢人(町田てつ、小関秀彦、河野孝司)、花上嘉成
執筆:松尾よしたか、草町義和、石塚純一、大野雅人、松尾諭
本文デザイン:朝日メディアインターナショナル株式会社
イラスト:朝日メディアインターナショナル株式会社
写真提供:東武鉄道株式会社、一般財団法人東武博物館、株式会社東武エネルギーマネジメント、東武商事株式会社、東武百貨店株式会社、東武ワールドスクエア株式会社、東武タワースカイツリー株式会社、東武レジャー企画株式会社、RGG、井上廣和、河野孝司、松尾諭、大野雅人、花上嘉成、岡 準二

東武鉄道のひみつ

2013年3月4日 第1版第1刷発行

編　者	PHP研究所
協　力	東武鉄道
発行者	小林成彦
発行所	株式会社PHP研究所

東京本部:〒102-8331 千代田区一番町21
　　　　　書籍第二部　☎03-3239-6227(編集)
　　　　　普及一部　　☎03-3239-6233(販売)
京都本部:〒601-8411 京都市南区西九条北ノ内町11
PHP INTERFACE http://www.php.co.jp/
印刷・製本所──図書印刷株式会社

©PHP Institute, Inc. 2013 Printed in Japan
落丁・乱丁本の場合は弊社制作管理部(☎03-3239-6226)へご連絡下さい。
送料弊社負担にてお取り替えいたします。
ISBN978-4-569-80995-3